国际服务经济系列教材
Textbook Series of International Service Economy

国际服务贸易战略与实务

Strategy and Practice of International Trade in Services

主 编 刘德学 钟晓君

中国财经出版传媒集团
经济科学出版社
Economic Science Press

图书在版编目（CIP）数据

国际服务贸易战略与实务/刘德学，钟晓君主编．
—北京：经济科学出版社，2020. 12
国际服务经济系列教材
ISBN 978－7－5218－2252－6

Ⅰ. ①国…　Ⅱ. ①刘…　②钟…　Ⅲ. ①国际贸易－服务贸易－教材　Ⅳ. ①F746. 18

中国版本图书馆 CIP 数据核字（2020）第 264420 号

责任编辑：杜　鹏　郭　威
责任校对：郑淑艳
责任印制：王世伟

国际服务贸易战略与实务
主编　刘德学　钟晓君
经济科学出版社出版、发行　新华书店经销
社址：北京市海淀区阜成路甲 28 号　邮编：100142
编辑部电话：010－88191441　发行部电话：010－88191522
网址：www. esp. com. cn
电子邮箱：esp_bj@163. com
天猫网店：经济科学出版社旗舰店
网址：http：//jjkxcbs. tmall. com
固安华明印业有限公司印装
787×1092　16 开　7. 5 印张　170000 字
2021 年 4 月第 1 版　2021 年 4 月第 1 次印刷
ISBN 978－7－5218－2252－6　定价：38. 00 元

编委会名单

总　　序

自21世纪以来，我国承接美、欧、日等国家和地区的国际服务外包呈加速发展之势。2020年，我国承接国际服务外包执行金额为127 830.02亿元人民币，为全球第二服务外包接包国。伴随服务外包产业的迅速发展，我国能熟练从事国际服务外包业务中高端人才的短缺问题日益凸显出来。因此，尽快培养国际服务外包产业所需的中高端人才，已成为促进我国服务外包产业持续、快速和健康发展的当务之急。

广东外语外贸大学国际服务外包研究院和国际服务外包人才培训基地，是全国普通高等院校最早成立的国际服务外包研究和人才培训的专门机构。2009年10月以来，国际服务外包研究院承接国际服务外包的理论研究和政府咨询等课题100余项，发表论文300余篇。目前，广东外语外贸大学国际服务外包研究院已成为华南地区国际服务外包理论研究中心、政府决策咨询智库。十年来，广东外语外贸大学国际服务外包人才培训基地共培训软件架构师、软件测试工程师和网络工程师等IT类高校“双师型”教师200余人；培养和培训ITO、BPO、KPO等适用型大学毕业生4 000余人；为东风汽车集团、IBM、西艾、从兴等服务外包企业定制培训服务外包商务英语和相关业务流程专业人才1 000余人；培训服务外包企业和政府中高层管理人员10 000余人。经过几年来对服务外包人才培养模式与实践的有益探索，广东外语外贸大学国际服务人才培训基地已成为广东省服务外包“双师型”教师资源库、大学毕业生适用型人才交付中心、企业和政府管理人员短期培训中心。

广东外语外贸大学作为广东省国际服务外包中高端人才培训基地，为更好地发挥学校在国际化人才培养方面的优势，进一步提高国际服务外包和国际服务经济人才培养的质量，特组织专家学者编写了本套教材。包括《服务外包客户关系管理》《服务外包项目管理》《服务外包企业战略管理》《商务交际日语》《商务谈判日语》《商务会谈技巧英语》《商务沟通英语》《软件开发中级英语阅读与写作教程》《软件测试中级英语阅读与写作教程》《服务外包概论》《广东国际服务外包案例》《国际服务外包营销》《印度国际服务外包经典案例》《服务外包园区发展的理论与实践》《国际服务经济概论》《国际服务贸易战略与实务》《国际金融服务实务》《国际服务经济组织与管理概论》《Java 软件工程师培训教程》《云计算基础、应用与产业发展》《数据挖掘基础与应用实例》《物联网基础、应用与产业发展》《跨境电子商务概论（进口篇）》《跨境电子商务概论（出口篇）》《服务外包英语沟通与交流技巧》《西方公共服务外包理论政策与实践》《服务外包日语交流与沟通技巧》《中外艺术创意经典 100 例》共 28 部。

培训国际服务外包和国际服务经济产业所需的中高端人才是一项系统工程，其中，编写出能够既反映国际服务外包和国际服务经济发展理论又符合国际服务外包和国际服务经济发展实践的教材就尤其重要。我们希望本套教材的出版能够为国际服务外包和国际服务经济人才的培养尽一分力量；同时，我们也真诚地欢迎各位读者对本套教材的不足之处提出修改的意见和建议，以期进一步提高我们教材编写的质量。

广东外语外贸大学国际服务外包教材编写委员会

2020 年 12 月

前 言

当前，服务贸易已成为国际贸易的结构主流，服务贸易是各国争夺国际贸易竞争力的重要领域，受到世界各国的广泛重视。在中国“一带一路”倡议下，中国服务业竞争优势的培育与服务贸易的做大做强息息相关、相辅相成。

本教材涉及服务贸易的基本理论和内容，旨在让读者了解国际服务贸易的理论与政策，并且着重介绍了中国服务贸易的发展状况。

本教材是分工协作编写的，凝结了诸多编写人员的心血。其中，钟晓君和刘德学负责编写第一章“国际服务贸易理论”、第十章“中国服务业发展：广东案例”和第十一章“中国服务业对外开放：广东案例”。赖静仪负责编写第二章“国际旅游服务贸易理论与实务”和第三章“国际文化服务贸易理论与实务”。裴喜宏负责编写第四章“国际金融服务贸易理论与实务”和第五章“国际教育服务贸易理论与实务”。吕宇翔负责编写第六章“国际运输服务贸易理论与实务”和第七章“国际信息服务贸易理论与实务”。喻叶独立负责编写第八章“国际环境服务贸易理论与实务”和第九章“国际建筑服务贸易理论与实务”。

本教材在编写过程中参考了大量文献和资料，篇幅所限，本教材最后只列出主要参考文献，在此谨对本教材编写过程中有所参考的所有参考文献和资料作者表示由衷与诚挚的感谢。

编者

2020 年 10 月

目　录

第一章 国际服务贸易理论

传统理论经济学大都是以货物交易经济为思想基础的，加上学者们对制造业的偏向性关注，制约了国际服务贸易理论的形成和发展。本章主要考察传统对外直接投资理论及其对服务业的适用性。

自20世纪中叶以来，随着国际直接投资活动的逐渐繁荣与活跃，理论界开始思考国际直接投资背后的动因，并且涌现出一批阐释国际直接投资动因的经典理论，主要包括垄断优势理论、内部化理论、国际生产折衷理论、边际产业扩张理论以及产品生命周期理论。由于制造业是当时国际直接投资的主要承载体，上述理论基本都是以制造业外商直接投资作为研究落脚点的。近年来，随着国际产业结构转移和调整进程的加速，服务业业已成为国际直接投资的结构主流和主要承载体。服务业与制造业作为两种截然不同的产业形态，在行业特征、生产方式以及产品特性等方面都存在显著差异。上述主要用于阐释制造业对外直接投资动因的经典对外投资理论是否同样适用于服务业呢？学术界似乎并没有达成理论上的共识。本章探究始发于阐释制造业外商直接投资动因的各种经典对外直接投资理论对服务业的适用性，以期深化服务业外商直接投资动因的理论研究基础，为国际服务贸易研究奠定理论基石。

第一节 垄断优势理论及其对服务业的适用性

海默（Hymer，1960）提出的垄断优势理论开创了跨国公司外商直接投资理论研究的先河。垄断优势理论很好地将国际直接投资与国际间接投资的差别区分出来，指出以美国为主要代表的西方发达国家跨国企业之所以能够进行国际直接投资活动，是因为其具有东道国企业所不具备的特定优势，海默将跨国企业所具有的这种优势称为垄断优势。具体来说，跨国企业所具有的垄断优势包括以下六个方面：

（1）相比东道国企业，跨国企业在生产技术、生产流程、生产工艺、技术诀窍以及生产效率等方面所具有的技术优势；

（2）相比东道国企业，跨国企业在资金筹集、资金融通、资金回流等方面所具有的资金优势；

（3）相比东道国企业，跨国企业在经营管理理念、人力资源管理与开发、人才储备、企业战略与营销管理等方面所具有的经营与管理优势；

（4）相比东道国企业，跨国企业在企业规模、企业结构、企业组织形态等方面所具有的规模经济优势；

（5）相比东道国企业，跨国企业在原材料采购、核心零部件制造、产品流通、分销与销售渠道、产品跟踪、售后服务等方面所具有的供应链优化与整合优势；

（6）相比东道国企业，跨国企业在信息收集、信息发布、信息共享、信息甄别、信息保密等方面所具有的信息优势。

正是由于跨国企业拥有这些东道国企业所不具备的垄断优势，跨国企业才能在东道国陌生市场环境下与东道国企业展开竞争。

垄断优势理论将上述跨国企业所具有的垄断优势来源归结为市场结构的不完全性，主要体现在以下四个方面：

（1）因异质性产品、特殊生产技能或名牌商标造成的产品市场不完全性；

（2）因融资渠道、获取市场信息渠道多寡与难易不同造成的要素市场不完全性；

（3）因各国在税收、汇率、政府管制等方面差异造成的管理与制度不完全性；

（4）因企业规模不同造成的规模报酬不完全性。

垄断优势理论基本上适用于服务业跨国企业对外直接投资动因的解释，其区别在于生产制造产品的跨国企业为了获取国外市场份额，除了采用对外直接投资方式以外，还可以通过对外贸易方式，并且对外直接投资与对外贸易存在相互替代、相互补充和相互融合三种关系（龚晓莺等；2006）；而“服务”作为一种特殊产品，具有无形性、不可储存性、生产和消费同时性等特征，这些特征使服务产品的可贸易程度较低，大多数服务业企业为了获得国外市场，就必须通过对外直接投资的方式在国外建立子公司，通过与消费者面对面交易的形式实现服务产品的固有价值。决定服务业企业能够进行海外投资活动而获取海外市场份额的关键在于该企业是否具有技术优势、资金优势、经营与管理优势、规模经济优势、信息优势等垄断优势。如果一个服务业企业拥有上述垄断优势，则该服务业企业具备进行对外直接投资活动的条件，可以参与国际市场竞争，占领国际市场份额；相反，如果一个服务业企业不具备上述垄断优势，则该服务业企业应将目光定位于国内市场，参与国内市场竞争，着眼于国内市场份额。

第二节　内部化理论及其对服务业的适用性

巴克利和卡森（Buckley & Casson，1976）提出的内部化理论，从交易成本角度阐释了跨国企业进行对外直接投资的动因。内部化理论认为外部市场交易以及企业内部交易是达成交易契约的两种不同形式。外部市场交易存在的缺陷是企业在搜寻合适的交易对象、谈判达成交易契约以及监督与维持交易契约的实现等过程需付出较大的交易成本；同时，外部市场交易中企业难以规避交易对象因“敲竹杠”而产生的机会主义行为，特别是在企业投资具有较高资产专用性的情况下，外部市场交易因交易对象机会主义行为而产生的道德风险将陡然增大。另外，外部市场交易也不利于企业防止专有技术、工艺、诀窍等关乎企业核心竞争力与知识产权效益的隐性知识的扩散与传播，加大了企业保持与维护自身技术与竞争优势的难度。

面对外部市场交易的诸多“失灵”，企业通过内部化行为，将外部市场交易转化为企业内部交易能有效克服外部市场交易的缺陷，维护企业自身利益。首先，由于交易是在同一企业内部进行，企业内部交易能够省去搜寻交易对象、维持交易关系等诸多过程，大大节约了为实现交易而产生的交易费用；其次，企业内部交易能够有效规避交易对象因发生机会主义行为而造成的损失；最后，在企业内部交易过程中，知识只是在同一企业内部转移、扩散与共享，因此，内部化交易可以有效防止知识向外部竞争对手扩散，有利于企业维持技术与竞争优势。

企业在进行外部市场交易以及内部化交易抉择时，将进行成本与收益分析。只要企业的上述内部化收益大于企业采取市场外部交易所产生的交易成本以及企业进行内部化行为所产生的成本之和，企业就会选择将外部市场交易内部化的活动。而跨国企业的对外直接投资行为就是企业内部化活动的一种具体形式，通过在东道国进行直接投资设立子公司，并将各种生产要素以企业内部转移与交易的方式替代外部市场活动，跨国企业可以有效克服原材料、知识与信息等产品和要素市场的不完全性，降低企业生产经营的交易费用，并且能够通过差别定价、转移定价等策略与途径全面提高跨国企业的经营效率与利润。

与制造业跨国企业一样，服务业企业在达成交易契约的时候同样面临外部市场交易以及企业内部交易两种选择，服务业企业同样在这两种选择中进行抉择时将进行成本与收益的比较与权衡。服务业跨国直接投资行为是服务业企业进行内部化活动的一种形式，当服务业跨国企业选择在东道国进行通过服务业直接投资活动建立子公司的时候，必然是服务业跨国公司在东道国进行直接投资活动所带来的内部化收益大于服务产品外部市场交易所带来的交易成本以及服务业跨国企业进行直接投资行为所带来的成本之和的反映与体现。

第三节　国际生产折衷理论及其对服务业的适用性

邓宁（Dunning，1977）吸收了各派学者解释国际直接投资活动动因的理论精华，特别是借鉴了海默的垄断优势理论以及巴克利和卡森的内部化理论的核心思想，并在这些理论的基础上引入区位优势理论，提出了被学术界誉为“通论”的具有很强现实解释力与适用性的国际生产折衷理论。

国际生产折衷理论认为，一国企业要进行国际直接投资活动，必须具备所有权优势、内部化优势和区位优势三方面优势。具体来说，所有权优势是指跨国企业所具备的东道国企业难以企及的竞争优势。跨国企业的这些竞争优势体现在生产技术、工艺诀窍、经营管理、组织形态、企业规模、技术创新、资金实力、人力资源、营销渠道等各个方面，跨国企业正是凭借自身所拥有的这些所有权优势才能在东道国陌生的市场环境中与其他企业展开激烈的市场竞争，攫取市场份额。内部化优势是指跨国企业通过国际直接投资活动在东道国建立分公司或者子公司，从而将东道国市场外部交易转化为企业内部交易，得到减少企业交易成本、防止知识与技术外部转移与扩散、有效规避因交易对象机会主义行为给企业造成损失而形成的优势。区位优势是指东道国本身所具有的在自然资源、劳动力资源、地理位置、政府政策、市场环境、基础设施、税收优惠等方面的优势。跨国企业进行对外直接投资活动能够充分将自身所具有的所有权优势与东道国当地的区位优势相结合，达到在全球生产网络下将价值链进行片段化分割，充分整合与利用世界各地优势资源，在全球范围内实现资源的优化配置并实现创造企业竞争优势的意图。

邓宁认为，当企业只是具备所有权优势的时候，企业将采取技术转让的方式进行国际经营活动；当企业具备所有权优势和内部化优势的时候，企业将采取出口贸易或者技术转让的方式进行国际经营活动；只有当同时具备所有权优势、内部化优势和区位优势的时候，企业才会进行国际直接投资，通过对外直接投资的方式参与国际经营活动。

国际生产折衷理论在解释国际直接投资动因方面综合了以往各派理论的精华，对于服务业国际直接投资活动的动因也能做出较为全面与满意的解释。首先，服务业跨国企业的所有权优势体现在服务的品牌、服务的质量、提供服务的特殊技巧、信息获取、销售渠道以及服务企业的资金与规模优势等方面。其次，相比“有形产品”的价格主要受供求影响，服务产品的价格除了受供求影响外，主要还与服务提供的技巧、诀窍以及质量相关。外部市场交易使得服务业跨国企业拥有的服务提供技巧与诀窍极为容易在交易过程中不经意扩散，从而不利于企业服务产品垄断价格以及竞争优势的维持。因此，面对“服务”这一特殊化产品，服务业跨国企业通过对外直接投资建立分公司或者子公司，进行内部化经营是其防止服务提供技术与诀窍转移和扩散、攫取服务产品垄断高价的需要。最后，大多数服务产品在生产过程中对自然资源的依赖程度似乎比制造业低，并且不同的服务产品在生产过程中倚重的投入要素也不尽相同，因此，不同的东道国所具有的特定区位优势对不同行业的服务业跨国公司具有不同的吸引力。金融业、咨询业、计算机软件与信息服务业等知识与技术密集型服务业对从业者素质以及知识产权保护等制度环境要求较高，所以这些服务行业的跨国企业会选择具备上述区位优势的国家开展国际直接投资活动；批发与零售业、住宿与餐饮业等劳动密集型服务业对劳动力价格水平较为敏感，所以这些行业的服务业跨国企业会选择劳动力价格低廉的地区进行国际直接投资活动。也就是说，服务业跨国企业总会根据自身行业特征与生产要素密集度选择与自身需求相容的东道国进行国际投资活动，以充分发挥与利用当地的区位优势，形成企业的竞争优势。综上所述，虽然被美誉为“通论”的国际生产折衷理论其初始出发点是解释制造业跨国企业国际直接投资行为的动因，但其对服务业跨国企业的国际直接投资活动同样具有很强的解释能力以及适用性。

第四节　边际产业扩张理论及其对服务业的适用性

小岛清（Kojima，1978）以日本企业的对外直接投资活动为研究对象，提出了区别于以往各派基本以美国跨国企业为研究对象的边际产业扩张理论。小岛清在研究过程中观察到，与美国进行国际直接投资活动的主体是大型跨国企业不同，日本进行国际直接投资活动的主体是中小企业。这些中小企业大多并不具备雄厚的资金实力以及先进的生产技术水平，但它们却拥有东道国企业所需要的劳动密集型产业生产的实用技术。日本中小企业的这些生产技术与东道国企业的技术差距较小，易于东道国企业的消化和吸收，从而能够促进东道国相关产业比较优势的形成。有鉴于此，小岛清的边际产业扩张理论指出国际直接投资应该遵循从该国已经处于或者即将处于比较劣势的产业（边际产业）依次进行的原则，这样投资国和东道国都能够获得国际投资与产业转移的好处，因为被转移产业虽然在投资国已经不具备比较优势，但在东道国，这些产业的比较优势正在形成，投资国的国际直接投资活动所带来的适用技术正好有利于东道国这些产业比较优势的培育与壮大。因此，跨国企业的对外直接投资行为不但为投资国新兴产业的发展腾出空间，同时将有利于促进东道国相应产业的发展。

边际产业扩张理论在解释日本中小制造企业的国际直接投资行为方面获得很大成功，但其对服务业跨国企业的国际直接投资行为的解释力度似乎显得有所欠缺。首先，当前服务业跨国投资的主体是发达国家，这些发达国家经济结构以服务业为主导，服务业具有很大比较优势。因此，服务业外国直接投资（FDI）似乎并不是从处于或者即将处于比较劣势的服务行业依次进行的，更多国内仍具有比较优势的服务业“走出去”进行国际直接投资活动的目的是占领东道国巨大的服务市场。其次，当前服务业跨国投资仍以大型服务跨国企业为主，这些大型服务业跨国企业与东道国同类服务企业相比具有相当强大的技术优势与技术势差，因此，以中小企业为主要研究对象的边际产业扩张理论在服务业国际直接投资的适用对象方面似乎有失偏颇。最后，假设边际产业扩张理论在服务业国际直接投资领域依旧适用，那么应当出现的情形是发达国家先向东道国进行住宿与餐饮、批发与零售等劳动密集型服务业投资，再进行房地产、金融保险等知识和资本密集型服务业投资，现实情况似乎证实了上述理论，但是这种现象的出现并非由发达国家投资的主观意图所致，这种现象的出现更主要原因是大多数知识和资本密集型服务业属于关乎东道国经济命脉和政治安全的重要行业，东道国为了保护国家经济与政治利益而对这些行业设置了严格的投资准入壁垒，使发达国家这些服务行业的跨国企业无法进入东道国。一旦各国实现投资自由化，上述现象将大为减少，大量在发达国家仍具有比较优势的服务业产业将通过向东道国直接投资的方式抢占东道国市场。

第五节　产品生命周期理论及其对服务业的适用性

弗农（Vernon，1966）提出的产品生命周期理论以产品生产经历的不同阶段为视角阐释了跨国企业对外直接投资的动因，成为国际直接投资领域的又一经典学说。产品生命周期理论认为产品的生产过程可以划分为新产品阶段、产品成熟阶段以及产品标准化阶段三个阶段，在这三个不同的阶段，企业将采取不同的生产与投资策略以实现利润最大化。在新产品阶段，维系企业竞争优势的要素是产品的创新技术与能力，发达国家创新企业由于掌握着产品生产的核心技术，拥有该产品生产的垄断地位，此时，发达国家创新企业将新产品生产地点选择在国内，以贴近本国消费者，满足国内消费者需求，同时防止技术扩散。对于国外消费者对新产品的需求，创新企业将采取出口贸易方式。在产品成熟阶段，随着产品创新技术的转移和扩散，其他后进国家也通过学习与模仿逐渐掌握了产品的生产技术，并开始对该产品实行自主生产。同时，后进国家将采取进口替代策略以保护刚刚建立起来的民族工业。面对后进国家所采取的进口替代与贸易保护，创新国家开始寻求部分对外直接投资活动，以绕开贸易壁垒，抢占后进国家市场份额。在产品标准化阶段，产品生产已被嵌入机器化生产流程之中，此时维系生产竞争力的要素是生产成本，特别是劳动力成本。发达国家由于国内劳动力成本高，使其生产该产品具有比较劣势，发达国家创新企业将主要采取对外直接投资方式，将该产品的生产基地转移至低劳动力成本的发展中国家，通过将产品返销回本国的方式满足本国消费者需求。由此可见，随着产品步入不同的生命阶段，产品将在不同的国家进行生产。国际直接投资是实现产品生产地点转换的手段，其在产品生产地点转换过程中应运而生，也成为跨国企业寻求利润最大化的策略选择。

产品生命周期理论主要适用于解释制造业跨国企业国际直接投资行为，其对服务业跨国企业的国际直接投资行为则似乎缺乏足够的解释能力。众所周知，服务产品作为一种特殊商品，具有生产和消费同时性、不可储存性与无形性等特征。服务产品的生产过程往往也就是其消费过程，期间一般不存在时滞，服务产品使用价值的让渡与价值的实现在生产过程中随即发生。服务产品的这些特征使服务产品似乎不能像“有形”的货物产品一样具有不同阶段的生命周期，服务的不可储存性使得服务产品的“生命”显得如此转瞬即逝，服务的生产过程也是其消费与“生命”完结的过程。因此，大多数情况下，服务产品是不具有新产品阶段、产品成熟阶段以及产品标准化阶段的，产品生命周期理论运用在服务业国际直接投资行为的时候似乎也就失去了理论根基，并显得无所适从。

但是，随着现代化计算机与信息技术的爆炸式发展，越来越多的服务产品变得可以储存，并且突破了生产和消费同时发生的时空制约，在生产过程中也逐渐显示出与货物产品相同的规模经济特征。面对信息化社会下这些现代新型服务产品，产品生命周期理论似乎显得可以有所作为。现以远程教育服务为例，说明产品生命周期理论在服务产品中的运用。

在当今信息化社会，远程教育成为一种受众多求学者欢迎与追捧的求学方式。远程教育便捷的特征使消费者（求学者）只要坐在电脑前就可以享受世界各地名校名师的讲授服务。我们可以将拥有教育比较优势的教育发达国家将名师授课内容录制成进行销售的视频视为新产品阶段。此时，名师授课服务主要是在具有教育比较优势的教育发达国家国内生产，以满足教育发达国家国内求知者教育需求。对于其他国家求知者的需求，则采取销售远程教育视频的服务贸易出口方式去满足。随着视频课程在进口国家的传播与流行，产品进入成熟阶段。此时，进口国家国内开始有同行学习和掌握教学视频中的内容，并模仿与制造相应的视频课程在国内进行销售，与进口视频课程展开市场竞争，以期对拥有教育比较优势国家的进口视频课程实现进口替代。在产品标准化阶段，进口视频服务和本土视频服务在服务品质上已经没有太大差别，拥有教育比较优势国家为了维持海外市场利润，可能会进行服务业对外直接投资，通过在教育欠发达国家建立学校、培训机构等教育组织，以自然人流动的方式直接派遣本国名师到东道国进行讲学，占领教育欠发达国家市场份额。由此可见，当服务产品变得可以储存并且打破生产与消费同时发生的藩篱时，主要适用于有形货物产品的生命周期理论似乎可以对服务业对外直接投资行为做出部分合理与有效的解释。

本章小结

本章探究了始发于阐释制造业外商直接投资动因的各种经典对外直接投资理论对服务业的适用性，它们包括垄断优势理论、内部化理论、国际生产折衷理论、边际产业扩张理论以及产品生命周期理论。本章分析认为，垄断优势理论、内部化理论、国际生产折衷理论对服务业外商直接投资动因的解释具有一定的适用性，其理论内核基本适用于服务业跨国企业的海外扩张行为的阐释，特别是被美誉为“通论”的折衷范式能够在相当大的程度与范围对服务业国际直接投资的动因做出较为合理的解释。而边际产业扩张理论以及产品生命周期理论在解释服务业外商直接投资动因方面显得适用性不足。值得一提的是，由于传统服务产品具有不可储存性、无形性以及生产和消费同时性等特征，使大多数服务产品不具有新产品阶段、产品成熟阶段以及产品标准化阶段的阶段性特征，产品生命周期理论在解释服务业跨国企业海外扩张动因的时候似乎显得无所作为。然而，随着现代网络与信息技术的飞速发展，越来越多的服务产品呈现出崭新的形态，变得可以储存，并且突破了生产和消费同时发生的时空制约，在生产过程中也逐渐显示出与货物产品相同的规模经济特征。面对现代信息化社会下这些新型服务产品，产品生命周期理论将会有所作为。

第二章　国际旅游服务贸易理论与实务

第一节　国际旅游服务贸易概述

一、国际旅游服务贸易定义

国际旅游服务贸易是指一国（地区）旅游从业人员向其他国家（地区）的旅游服务消费者提供旅游服务并获得报酬的活动，既包括本国旅游者的出境旅游，即国际支出旅游，又包括外国旅游者的入境旅游，即国际收入旅游。按世界贸易组织（WTO）服务贸易理事会对服务贸易的分类规定，“旅游及相关服务包括以下几项：宾馆与饭店，旅行社及旅游经营者提供的服务，导游服务和其他旅游服务”。另外，服务贸易中的自然人提供服务附件也涉及了旅游服务。在我国，旅游贸易出口额是指外国人和港澳台同胞在我国大陆境内的消费，而我国大陆地区公民前往外国及港澳台地区的消费则为旅游贸易进口额。

二、国际旅游服务贸易形式和内容

《服务贸易总协定》定义了四种服务贸易形式，即跨境交付、境外消费、商业存在和自然人流动。旅游服务贸易基本涵盖了这四种服务贸易形式（见表2－1），这四种提供模式之间存在交互作用，并能对一国旅游服务贸易政策的制定造成影响。

表2－1　　国际旅游服务贸易形式和内容

形式	内容
跨境交付	跨境交付贸易主要体现在通过国际电信、计算机网络等方式，为境外旅游者提供各种旅游信息、旅游资讯、远程预订服务和部分旅行社服务等
境外消费	境外消费包括了旅游交通服务、住宿餐饮服务、观光游览服务、娱乐休闲服务、旅游购物服务等多方面的内容
商业存在	外国投资者到一国建立旅游饭店、旅行社、航空公司，甚至开发旅游景区景点等直接提供旅游服务，或者设立银行、保险公司、律师事务所等间接提供旅游服务都属于这类旅游服务贸易内容
自然人流动	自然人流动主要表现为外国的技术人员、管理人员到一国后提供有关的旅游服务和管理，如国外从事旅游规划开发、旅游饭店管理、旅行社经营和导游人员，到一国的有关旅游机构向旅游者或其他消费者提供旅游服务等

三、国际旅游服务贸易的特点

国际旅游服务贸易与传统商品贸易相比，其最大的特点是就地商品出口和就地服务出口，它的运行又具有综合性与整体性，以及垄断性与竞争性并存。

（一）就地商品出口

国际旅游者到旅游产品生产地进行消费，出口方就地输出商品即旅游服务来获得外汇收入。这种出口不存在商品的包装、运输、仓储、保险以及关税等开支，也不存在外贸出口业务中有关手续费，换汇比率较高。此外，旅游服务产品基本以自然资源为主，几乎不存在传统商品贸易的成本问题。

（二）就地服务出口

旅游接待国或地区向旅游者提供无形的服务产品，也提供其他实物产品，无论哪种产品都要造成劳动大量消耗。旅游者到该国或地区用外汇支付旅游服务费用，这样就使旅游服务劳动具有就地服务出口的性质，通过这种方式能换取大量服务费外汇收入，这也与传统商品出口不同。

（三）旅游服务贸易的运行具有综合性与整体性

所谓综合性是指旅游者在旅游过程中，支付外币购买旅游商品，以满足旅游消费的需要。旅游消费包括住宿、饮食、交通、游览、娱乐等，是物质和非物质的多种产品的组合，是综合性的消费，因此，旅游接待国或地区提供的旅游服务也是综合性的服务。所谓整体性是指尽管旅游部门和行业提供的服务内容各不相同，但提供服务的过程却是整体性的。旅店、饮食店提供膳食服务，交通运输部门提供地区转移服务，旅行社提供信息和组织旅游等服务，商店为旅游者提供购物服务等。这些不同性质的服务必须从质量和内容上满足旅游者的需要，因此，必须在地区和时间上做出统筹安排，以便从总体上向旅游者提供优质的、统一的旅游服务。

（四）垄断性与竞争性并存

旅游服务贸易的发展与一国或地区的自然禀赋以及人工开发紧密相关，以旅游产业的发展为依托。旅游资源、旅游设施、旅游服务三大要素构成了一国或地区的旅游业，旅游资源大体又可以分为自然旅游资源和人文旅游资源两类。旅游服务贸易的垄断性体现在自然资源和历史遗迹的地区独有性，如我国的万里长城、埃及的金字塔、地中海地区独有的气候条件等，这些都是其他人工资源所无法取代的。如果一国或地区没有海岸线，海滨旅游就无从发展；如果一国或地区没有古老的文化和丰富的历史遗迹，任何高难度的模仿都是徒劳无益的。从这个角度来看，旅游服务贸易具有垄断性。同时，旅游设施、旅游服务是非垄断的，是可以通过人工开发的，如山林资源、雪资源等。在非垄断领域，由于客源市场是相同的，因而竞争比较激烈。国际旅游服务贸易的这一特点就要求一国或地区在发展旅游业时，既要注重保护其垄断资源，又要不断进行人工开发。

四、国际旅游服务贸易的作用

旅游服务贸易是国际服务贸易的组成部分，对发展国民经济起着十分重要的作用。

（一）旅游服务贸易能够增加外汇收入

国际旅游服务收入是指来访的外国人在异国逗留期间购物和获取服务所支付的外币款项，这种收入实质上是外国社会财富转移到旅游接待国或地区，它直接导致接待国或地区财富的增加。旅游创汇收入是国家非贸易外汇的主要来源。

（二）创造就业机会

作为典型的劳动密集型产业，旅游业创造了大量直接或间接的就业机会，容纳了大批具备各种技能和水平的劳动力。旅游直接创造就业是指在旅游企业中的就业，包括各种接待设施、酒吧、商店、运输、旅馆及管理部门在内的就业。间接就业是指在旅游业以外其他相关行业的就业。据统计，每100项正式旅游服务工作，需要48项间接辅助性工作相配合。旅游业调整就业增长速度极快，为劳动力开辟了广阔的市场，而且，随着这一行业就业人数的增加，劳动力素质也会不断提高。

（三）优化产业结构

旅游是一个综合性行业，几乎涉及国民经济所有部门和行业，它将提高国民经济整体运行能力。旅游引导产业结构适应旅游者的消费需求及市场状况，将起到改善和调整国民经济结构的作用。

（四）促进相互之间的文化和信息传递

旅游的社会意义在于欣赏其他地方的文化、习惯和生活方式等。旅游者在与旅游目的地人们进行接触的过程中，使双方的文化得以交流。旅游服务贸易的发展，促进了国际旅游的发展进程，加速了旅游的国际流动。对于国际旅游者来说，他们带来了现代社会的各种新观念，如市场观念、效益观念、竞争观念、质量观念等，同时也带来了先进科学与管理技术。当然，这种影响是相互的，旅游目的地的文化也对旅游者产生影响。正是这种双向的交流和影响，增强了各国（地区）人民之间友谊，推动了人与人之间的相互了解和世界和平事业的发展。

第二节 中国旅游服务贸易的发展

一、中国旅游服务贸易发展概况

（一）中国旅游服务贸易发展历程

1. 第一阶段（1949～1978年）

我国国际旅游服务贸易的起步比较晚，从20世纪50年代中期开始逐步发展起来，1954年4月，中国国际旅行社正式成立，并在14个城市建立了分社。1964年，中国旅行游览事业管理局正式成立，这意味着我国的国际旅游服务贸易开始正规化发展。1949～1978年，我国的旅游接待在性质上并没有被作为经济事业来看待，而是当作外交工作的一部分。

2. 第二阶段（20世纪80年代）

20世纪80年代是我国旅游服务贸易在探索中起步时期。国务院在1981年首次召开的全国旅游工作会议中指出，旅游事业是国民经济的一个重要组成部分，是一项综合性经济事业。在此阶段，我国的旅游企业通过大量引进外资，使很多新型饭店被建立起来，缓解了我国旅游住宿紧张态势。总体来说，这个时期我国旅游服务贸易以入境游为主，国内旅游和出境旅游市场基本没有形成，旅游市场格局较为单一。

3. 第三阶段（20世纪90年代）

20世纪90年代为我国旅游服务贸易在转型中发展时期。1992年党的十四大提出了社会主义市场经济改革目标，我国从此由计划经济转变为市场经济，这也是我国旅游服务贸易发展的重要转折点。在转型发展时期，我国旅游服务贸易以培育产业为重点，从计划走向市场、从封闭走向开放，旅游市场主体日渐多元化，形成了旅游服务贸易蓬勃发展的局面，国内旅游市场也逐步形成并发展壮大。1995年开始实施的双休日和1999年开始实施的黄金周制度，更是推动了我国旅游服务贸易向大众化阶段迈进。

4. 第四阶段（21世纪以后）

进入21世纪以来是我国旅游服务贸易的快速发展时期。我国已经踏上了全面建设小康社会的新征程，旅游服务贸易成为我国经济的新增长点。在此阶段，各级政府对旅游基础设施的投入力度明显加大，旅游产业链不断完善，各旅游要素也进一步整合。我国旅游服务贸易为了顺应国际旅游的发展趋势，提出转变旅游服务贸易的发展方式，增强旅游服务贸易的竞争力。在多种因素的作用下，我国的自费出境旅游业蓬勃发展，旅游服务贸易的整体水平无论从产业规模、市场规模还是供给规模来看，都进入了世界旅游大国的行列。

（二）我国旅游服务贸易发展特征

我国的旅游服务贸易快速发展，使在所有类型的服务贸易中，旅游服务贸易的出口创汇水平稳居首位，并呈现出以下一些特点。

1. 旅游服务贸易总体呈持续增长态势

近些年来，我国国际旅游服务贸易快速发展，旅游服务贸易总额从 2001 年的 317 亿美元增长到 2013 年的 1 802 亿美元，其中旅游服务贸易的进口额从 2001 年的 139 亿美元增加到 2013 年的 1 287 亿美元，在世界的排名由第 7 位跃居全球首位，超过了一直处于首位的德国和位居第二位的美国，一跃成为全球第一大旅游客源地。

2. 出境游市场突飞猛涨，入境游市场回暖

近年来，随着我国居民人均收入的提高、人民币汇率的走高，以及国家对本国居民境外旅游限制的逐步放宽等利好因素的共同影响，我国出境旅游进入快速发展阶段。

3. 旅游服务贸易结构日趋完善

旅游服务贸易的基本结构包括与旅游相关的交通、住宿、旅游观光、餐饮、购物、旅行社、娱乐部门等众多行业，从而需要满足游客旅游期间的“衣食住行游购”六大旅游需求要素。旅游服务贸易关联性较强，覆盖面广，在旅游服务贸易发展中不同行业或部门形成更紧密的内在联系以及更合理的比例关系。

旅游服务贸易发展的好坏很大程度上取决于该产业内行业结构的优劣。当前制约中国旅游服务贸易的主要瓶颈仍然是旅游交通，尤其是中西部地区，旅游资源丰富的地区，交通条件限制了这些地区旅游服务贸易的发展。

二、中国旅游服务贸易存在的问题

中国旅游服务贸易发展虽然取得了显著成就，但是与人民群众日益增长的旅游需求相比、与建设世界旅游服务贸易强国的目标相比、与全球旅游服务贸易强国相比，尚有很大差距，还面临不少待解决的问题。

（一）旅游服务贸易发展层次和竞争力偏低

中国旅游服务贸易发展大而不强，无论是功能定位、发展规模还是发展层次，都与中国经济大国的地位不相适应。一是旅游服务贸易对经济社会发展贡献率偏低。二是旅游服务贸易支柱性产业没有发挥充分作用。各地在旅游服务贸易发展中侧重于关注旅游本身的发展，缺乏从经济全局和长远发展的规划。在“引进来”和“走出去”上，过分侧重于入境和出境旅游的规模扩张，在资金、技术、管理、品牌等方面缺乏战略性规划。三是旅游服务贸易竞争力不强。中国缺乏跨国旅游集团，也缺乏知名度，旅游企业与发达国家一些大型旅游公司相比，差距很大。

（二）旅游服务贸易产品难以满足消费者日益增长的旅游需求

经过多年发展，中国旅游服务贸易总体接待能力明显加强，但也存在结构失衡和总量矛盾的现象。一是供需矛盾在某些区域和特定时期仍然很突出。在国际旅游旺季，我国旅游景点接待不暇，住宿和交通供给能力不足，成为旅游投诉热点。旅游饭店、旅行社存在工序脱节问题，不能满足旅游者的需求。二是产品难以满足消费多元化需求。从国际上来看，旅游消费多元化趋势日益明显，已逐步从对观光产品的单一需求向观光、度假、会展等多元需求转变。而中国旅游产品多以观光型为主，产品开发具有滞后性、单一性，特别是专题旅游、特种旅游和独家旅游产品开发力度不够。三是缺乏新型营销手段。随着信息化的发展，消费者对旅游信息的获取提出更高的要求。目前，中国旅游宣传的促销手段和办法比较简单，多以平面广告和电视广告为主，网络宣传和国际宣传少，没有形成有效的品牌效应。

（三）旅游服务贸易基础设施建设相对滞后

总体看来，中国旅游服务贸易基础设施缺乏整体规划建设，一些地方、时段还存在瓶颈制约。一方面是总体基本适应，局部不适应。例如，公路通达深度不够，乡村道路和旅游专用公路所占比例较小等。另一方面是铁路旅游专列沿袭普通列车管理模式，时间可选性差。部分旅游目的地的邮电传递、信息通信也缺乏完善。以上这些都不同程度地制约中国旅游服务贸易持续高效发展。

（四）旅游服务贸易市场秩序和产品质量需要进一步改进

一是在某些地方经济条件差和观念落后的地区，旅游接待能力以及服务设施条件非常简陋，甚至有不少环节存在安全隐患，住宿和饮食卫生条件比较差，难以向旅游者提供安全、卫生、舒适的服务。二是一些旅游服务人员的职业道德和服务水平较低，受经济利益驱使不按照规范要求为游客提供服务，强迫游客购物，购物回购、欺客宰客等现象时有发生，损害了旅游业的形象和旅游者的权益。三是旅游市场秩序较差，旅游企业之间的价格竞争、旅游市场欺骗欺诈行为、搞挂靠承包经营，扰乱了我国旅游业的正常市场经营和公平竞争秩序，损害了守法经营企业以及个人利益。四是旅游服务质量和市场监督管理意识不足、力度不足、手段不足，没有成为全国和全行业的重点工作任务，没有形成全国统一的监管体系和队伍，也缺少必要的人力、物力和财力支持。

（五）旅游服务贸易政策法规还不健全

旅游管理、旅游政策等与我国旅游服务贸易发展还不相匹配。一是旅游管理分散且难以整合。旅游资源管理与产业管理脱节，旅游资源分属于文物、建设、国土、农业、林业、环保、海洋等不同部门，缺乏统一的管理协调部门。二是政府和市场关系有待理顺。基层旅游管理需要加强政府的力量，旅游业存在“管办部分”的问题，是旅游业市场作用没有得到应有的发挥所造成的。三是缺乏系统完善的政策体系。旅游立法相对滞后，缺乏配套法规政策，旅游规划缺乏刚性约束，旅游标准还不够健全。

三、相关政策法规

2013 年，全国人民代表大会常务委员会通过了《中华人民共和国旅游法》（以下简称

《旅游法》)，这是我国旅游业的母法，它的颁布结束了我国作为旅游大国却无法调整旅游关系基本法的尴尬局面，具有重要的历史意义。这意味着，中国旅游业相关法律逐步向国际惯例靠拢，逐步走向旅游法制化，全面依法兴旅、依法治旅的新阶段。

《旅游法》分别对旅游者、旅游规划和促进、旅游经营、旅游服务合同、旅游安全、旅游监管、旅游纠纷处理等内容作了规定。《旅游法》规定，旅行社、住宿、旅游交通以及高空、高速、水上、潜水、探险等高风险旅游项目的经营者应投保责任保险。同时，旅行社应当提示参加团队旅游的旅游者按照规定投保人身意外伤害保险，并明确未按照规定投保旅行社责任保险的，视情节轻重处以不同数额罚款、责令停业整顿或者吊销旅行社业务经营许可证。《旅游法》的颁布，标志着我国旅游业进入法制化、规范化发展的新阶段。

在与旅游业相关的国务院制定的行政法规中，主要有2009年的《旅行社条例》和1999年的《导游人员管理条例》。《旅行社条例》主要针对的是旅行社的管理以及旅行社和旅游者合法权益的维护；《导游人员管理条例》主要是规范导游人员的活动以及导游人员和旅游者合法权益的维护。

在与旅游行业相关的部门规章中，常用的是与旅游饭店相关的《旅游饭店星级的划分与评定》等，这些规章从不同方面为我国的旅游事业持续、稳健地发展提供了保障。

四、中国旅游服务贸易发展战略

（一）大力支持旅游观光策略优先性

我国应该逐渐将旅游服务贸易打造成战略性支柱产业，加大对我国旅游服务贸易的财政金融扶持力度，加速研究新形势下促进中国旅游服务贸易发展的相关政策，积极宣传与推广中国旅游服务贸易理念，加快对规划编制、人才培养和旅游公共服务体系的建设。国家需要大力支持旅游服务贸易相关的跨国企业、国内中小企业发展，吸收、引进国外先进管理技术和经验。

（二）提高旅游环境健康与卫生条件

随着生活水平的不断提高，人们对旅游环境的健康和卫生条件的要求也不断提高，健康与卫生成为促进一国旅游服务贸易发展的作用将达到一个新的政策高度。一是提高旅游地区健康和卫生意识，警惕传染病对游客健康的影响。景区要注意食品、餐具和饮用水的卫生与安全，做好健康检查、预防和服务工作。二是适应新形势发展，满足游客对心理健康和卫生的需求。三是加强国际间交流，推进健康与卫生促进旅游服务贸易全面可持续发展。中国各级部门主动同国际健康与卫生促进组织接轨，掌握国际旅游健康与卫生的发展趋势，并审慎地融入中国旅游服务贸易的个别性和本土性的文化特质，引起国际兴趣和关注。

（三）完善地面和港口基础设施建设

虽然近年来中国在公路交通建设方面取得了巨大的成就，但是与中国旅游服务贸易迅猛发展的趋势相比，在公路网络覆盖率和运输能力方面仍需要加快发展步伐。一是重点规划好旅游景区附近的公路网络建设，提升因路况差、交通堵塞等情况造成的可达性差的状况。二是积极引入公路交通自动化管理方法，使用计算机和网络技术完成车辆调节控制、交通统计分析等工作，实现自动化、信息化、现代化公路建设。三是在旅游景区所有的汽运客车和主要交通干道设置科学的、规范的中英日韩等国语言交通标识和道路指引标牌。

（四）促进旅游服务创新，降低旅游业价格竞争力度

促进旅游服务创新，主要做好围绕旅游服务贸易系统的构建，从粗放服务向精细服务、品质服务转变，做好个性化服务与标准化服务的结合，从传统服务向专业服务转变，加强围绕旅游的生产性服务和消费性服务的薄弱环节，如旅游加工制造、旅游商品设计生产、旅游规划设计等。在降低价格竞争力方面，主要需要做到：一是规范旅游业市场行为，旅游业市场管理法制化，严格把守旅游服务贸易相关企业的合法入市资格。二是建立旅游服务业自我保护机制，加强旅游服务行业协会的监督管理职能，对旅游服务相关企业起到监督、协调、引导和支持的作用。三是提升旅游服务相关企业的竞争档次，跳出价格竞争的桎梏，促进发展产品质量、个性差异、内在价值、品牌效应、技术含量等取代价格竞争。

（五）提高安全和保障服务质量

安全和保障是保障一国旅游服务业顺利开展的基础条件，是旅游服务业持续健康稳定发展的先决条件。在今后我国旅游服务贸易的发展中仍需要加强我国旅游安全与保障的相关措施与政策的建设，主要有：一是建立旅游服务安全和保障教育系统，构筑旅游安全和保障的思想体系。旅游服务相关企业要建立并实施安全规章制度，开展安全和保障教育培训，增强旅游服务相关企业和游客的安全防范意识，并提高安全技能。二是建立旅游服务安全法律法规系统，构筑旅游服务安全法律保障。由于旅游服务产业链条长，关联行业以及涉及部门非常多，在具体执行相关法律法规时，需要行政法规做细化和补充。三是建立旅游服务安全危机报警系统，构筑安全预防保障。

（六）加大旅游服务贸易开放程度

中国旅游开放程度与世界旅游服务贸易竞争力超强的国家或地区相比差距很大，所以，中国当前需要适应变化，进一步构建更大的开放格局，进一步深化开放程度，提高旅游服务贸易的发展水平。例如，简化机场旅游出入境手续，发挥 72 小时过境免签政策效应，提高通关效率。

（七）提高旅游环境可持续性

一是要完善法规实施细则，强化执法监督。充分发挥各级环保部门职能，推进责任落实，强化行政责任，避免职责交叉和多头管理。严格推进相关法律法规的贯彻落实，保障环境保护部门发布的环境报告书的及时性和全面性。二是建立创新推广机制，组织试点工作。根据国内外环保形势的发展，不断完善标准以适应新政策、新要求，并紧密结合清洁生产及

循环经济、低碳经济项目，加快旅游服务贸易相关企业转型升级步骤。三是广泛开展宣传，强化公众参与力度。通过社交媒体、门户网站、微信平台等便捷方式积极宣传环境信息公开和相关标准，形成广泛的信息共享渠道，拓宽公众参与环境保护和交流空间。

第三节　导游服务实务

一、导游服务的概念及特点

（一）导游服务的内涵

导游服务是导游人员代表被委派的旅行社接待游客或陪同游客旅行，并按照合同的标准向其提供的旅游接待服务。

首先，导游人员是旅行社委派的，可以是专职，也可以是兼职。没有受旅行社委派的导游人员，不可以私自接待游客。

其次，导游人员的主要业务是从事游客接待。一般来说，多数导游人员都是陪同旅客旅行，在游览的过程中向其提供导游服务，但是也有些导游人员只是向旅客提供旅游咨询，帮助旅客联系和安排各种旅游服务，虽然他们同样提供的是接待服务，但不同的是，前者在出游中提供接待服务，后者则在出游前提供接待服务。

最后，导游人员向游客提供的接待服务必须按照合约书中规定的标准来实施，不得擅自增加或减少或取消旅游项目，也不可以擅自降低导游服务质量标准。另外，导游在接待过程中要注意维护所代表旅行社的形象和名誉，也要注意维护游客的合法权益。所以说导游的服务是旅游电影当中最重要的角色。

导游服务工作事项比较复杂多样，服务范围很广，负责游客所有吃、喝、玩、乐之类。归纳起来，导游服务可分为三大类：导游讲解、旅游生活、市内交通等服务。

（二）导游服务的特点

（1）独立性强。导游人员在接受了旅行社委派的任务后，带团外出旅游往往要独当一面。导游人员要独立地宣传、执行国家政策，要独立地根据旅游计划组织活动，带旅游团参观游览，尤其是在出现问题时，导游人员还需独立地、合情合理地进行处理。

（2）脑体高度结合。导游服务是一项脑力劳动和体力劳动高度结合的服务性工作。导游人员接待的旅客中，各种社会背景、文化水平的旅客都有，导游人员需要拥有很广的知识面，导游人员在进行景观讲解或解答游客的问题时，需要运用所掌握的知识和智慧来应付，这是一种艰苦而复杂的脑力劳动。

（3）复杂多变。导游工作不仅繁杂，且变化较大。首先，服务对象复杂，旅客来自五湖四海，不同的国籍、民族都有，职业、性别、年龄、宗教信仰和受教育程度也各不相同，至于性格、习惯、爱好等更是千差万别。其次，旅客的需求多种多样。由于不同旅客各自不同的社会背景，所以需求也各不相同，需要导游人员审时度势，判断准确并妥善处理。再其次，接触人员多，人际关系复杂。导游人员除接触旅客之外，在安排和组织旅客活动时还要同饭店、旅游点、商店、娱乐、交通等部门和单位的人员接洽，而且也要处理好全陪、地陪与外方领队的关系。最后，要面对各种物质诱惑和精神污染。

二、中国导游服务存在的问题及原因分析

（一）从业人员的素质问题

（1）导游人员素质参差不齐。我国导游人员实行资格考试制度，凡是具有高中、中专以上学历的社会人士均可以报名参加考试，一些以前根本不具备相应的历史、文化知识和专业技能的人考试合格后就可以获得导游资格，而目前的年检制度也难以全面衡量每个导游人员的素质和服务质量。

（2）部分导游人员的“拜金”态度。导游擅自改变行程，增加自费游览项目，频繁安排购物，收取回扣，一直以来都是游客投诉的焦点。

（3）导游人员的讲解问题。导游人员讲解水平低下或内容庸俗，有些导游可能本身具有较高的知识文化积累，但是为了迎合游客低级趣味而做出一些不好的行为。

（二）从业人员合法权益的保障问题

（1）工资问题。旅行社出于成本考虑，给导游人员的工资一般都比较低，全职导游作为地陪出团，一般每天只有 30～50 元的补助，对于兼职导游不仅没有补助，还要收取所谓的“人头费”，这就迫使他们通过增加大量的购物活动进行弥补。

（2）从业人员人身安全得不到保障。在许多地方，导游都在进行无保险的导游。

（3）在服务工作中，导游的合法权益经常受到侵害。许多导游，特别是女性导游，在工作中容易受到不好行为的侵害，自身的合法权益得不到保障。

（三）欠缺完善的导游培训机制

很多地方大力打造旅游城市，却没有建立属于自己的导游培训机构，加之导游人员的薪酬低等原因导致人员流动性很大，国内的导游服务工作长期处于青黄不接的状态，景区的导游服务受到制约和影响，间接阻碍了旅游服务水平的提升。

（四）导游服务理念相对滞后

首先，很多著名景区的导游服务模式可分为提前预订和现场购买两种形式，遇到旅游旺季，景区导游人员往往供不应求，导游服务质量有所欠缺。其次，景区的导游服务理念没有达到国际水平，多数导游还抱着完成任务的心态来工作，甚至出现由于工作失误错收游客服务费用的情况，这些都影响了国内景区的导游服务形象。再其次，游客进入景区没有导游人员主动接洽和介绍景区内容，反倒是景区外的“野导”蠢蠢欲动，主动上前搭讪并介绍景

点。最后，很多景区导游服务理念相对落后，提供导游服务过程中没有将景区的文化内涵、独特性与工作人员的服务精神结合起来，服务形式稍显呆板。

（五）多国语种的导游人员配备严重不足

很多景区现有的导游涉及的语种有英语和汉语，常常与景区接待游客的多样性和跨国性特点相违背，多语种的导游人员配备严重不足。外语导游人员的严重缺乏限制了国际游客对景区信息的获取，阻碍了游客全面了解景区的旅游文化内涵和价值。

三、导游服务贸易的国际化创新途径

（一）各级旅游行政管理机关的宏观调控

要想提高导游服务质量，各级旅游行政机关必须依法行使宏观调控职能，在加强对从业人员日常行政管理的同时，应该努力为从业人员提供更好的服务。政府应该让旅游市场按照市场经济的法则和规律去自主发展、自我约束、自担风险，把政府工作的重心转移到维护公平的市场规则、维持正常的市场秩序、改善投资环境、提供优质服务等方面。在旅游企业和从业人员的利益博弈中，行政主管部门应对企业是否遵守国家相关法律和劳动用工制度进行有效的监督。

（二）构建完善的导游培训机制

中国作为旅游大国，应构建符合自身要求的导游培训机制，以适应导游人员流动性大、服务水平参差不齐的问题。

首先，对于开发较成熟、大型的景区，要建立景区自身的导游培训机构和培训制度，树立现代化的导游培训理念，运用现代化的导游培训方法，在培训过程中运用管理科学、教育科学、心理科学、生理科学、领导科学等领域的最新研究成果。

其次，可根据培训内容，采用启发式、研讨式、活动式培训，充分运用案例分析、角色扮演、自我指导学习、行动学习、拓展训练等多种新颖的培训方式。另外，在培训教师的配备上，可以与国际旅游服务机构合作，邀请国际专业导游服务机构的培训教师莅临景区，对导游人员的服务理念、服务技能、职业道德等展开规范化培训。

最后，在导游培训方式上制定完善的评价机制，对参与培训的导游人员进行评估，形成内部竞争机制，鼓励导游人员力争上游、提升服务质量，力求打造一支服务水平高、讲解技能强、敬业爱国的优秀导游队伍，以满足旅游发展对导游服务的迫切需求。

（三）树立国际导游服务理念

国际导游服务以满足游客需求为目标，以对游客服务国际化为标准，目的是为游客提供体贴周到的无障碍导游服务。面对旅游业日新月异的激烈竞争和快速发展，大型景区应当树立自身的国际导游服务理念，以游客为中心，结合景区文化旅游资源和导游服务软实力，努力为游客提供优质到位的国际导游服务。另外，大型景区作为游客了解中国文化的窗口，导游人员的服务态度和言谈举止对中国旅游形象的塑造起到重要作用，导游员也要树立起正确的价值观和服务理念，注重提升自身的文化修养和知识内涵，以国际标准化导游服务来衡量自己，结合不同景区特有的历史积淀和文化内涵，形成景区标志性的导游服务形象。国际导游服务理念应贯穿在对游客提供服务工作的整个旅游过程中，体现景区导游人员的思想品质和服务水平，反映导游人员对旅游服务工作的理性认识。

（四）配备掌握国际语种能力的导游人员

导游人员工作的主要内容是为游客提供向导、讲解及相关旅游服务，其中讲解服务是导游人员工作的重点。如作为国家文化遗产保护景区，来访的各国政要和国际游客数量众多，是否熟练掌握外语并通晓景区所对应的中华文化，成为能否为游客提供基本讲解服务的关键。作为景区内的导游人员应掌握至少一门外语，同时对中华文化比较熟悉，才能对景区的文化内涵进行介绍和宣传，真正使这些景区成为外国游客了解中华文化的基地。景区应对导游人员加强教育培训和管理工作，制定针对导游服务能力的奖惩制度，提高导游人员的语言表达能力和讲解服务水平。通过景点导游人员切合实际的讲解和引导，真正凸显中国旅游景区在国际旅游活动中的重要地位。

第四节　旅游酒店管理实务

一、我国旅游酒店的发展现状

（一）主体价值观偏离

旅游酒店在发展中与旅游业有着千丝万缕的关联，与此同时，旅游酒店应保持自身发展的特殊与空间，要树立属于酒店本身的特色文化理念。但是，目前我国旅游酒店的发展却以追求经济利益为主，全面的经济利益发展本身是好的，但过于追求经济利益就会使得酒店的发展陷入短期的无规划发展轨道中，使酒店变成了旅游发展的一个中间流程。这种主体价值观的偏离，是旅游酒店发展的主要弊病。旅游酒店发展必须要先确定其文化特色，以文化发展为主来规划酒店发展的长远计划，保证酒店价值的终极体现。

（二）多重因素游离市场

（1）营销方面。由于旅游酒店的发展都属于小规模的，所以缺乏统一的平台整合资源的共同营销，放弃了大量潜在的网络客户，使如今的旅游酒店缺少营销的广泛性，游离于市场之外。

（2）合作方面。我国的旅游酒店都是各自为营，缺少酒店联合的宣传行为，这样的发展会使酒店发展进入不可避免的价格竞争和高端合作缺乏的境地。合作方面的缺乏就使旅游酒店在规划酒店服务、经营理念、资金配置和运作等方面缺乏敏感度，游离于市场之外。

（3）管理方面。旅游酒店管理要综合多方面的管理手段和管理模式，要对旅游业的发展有着基本的控制能力，同时又要对酒店的内部控制机制有全面的管理规划体系，能够最大限度地控制酒店内部的协同合作意识和酒店维护意识。

二、国外旅游酒店发展模式分析

（一）注重发挥品牌效应

国外管理公司最有价值之处在于已形成强大的品牌效应，酒店的发展特别重视品牌效应，游客选择酒店是因为对酒店品牌有足够的信任度。而品牌效应的形成则先要形成强大的服务能力，保证游客能够在酒店享受到旅游的休闲、方便、舒心。在足够的服务质量的促进下，酒店会设立自身特有的文化发展方向，以这种整体方向为依托来形成特色品牌效应，品牌效应的形成会刺激市场，赢得市场占有量，又反过来促进企业文化不断完善。总之，这种良性循环为旅游酒店赢得了最为忠诚的客户。

（二）注重规模健康有序的拓展

国际酒店管理集团的一个优势是集团化。集团化能确保提供给客人一致的服务，提供国际知名酒店管理。旅游酒店属于特色性酒店模式，完全不同于高档酒店模式，其发展更为重视对旅游业的促进和依附。以合作促进为主，使得营销宣传和规模发展能够有足够的规模。同时，合作并举的发展模式使酒店的发展能够朝着更为健康的方向进展，使集体的力量能够获得推广。

（三）管理方式多样化

多样化管理已经成为国外酒店尤其是跨国旅游酒店集团发展中的重要课题，是现代人力资源管理的一个重要领域。多样化管理不仅涉及酒店内部控制管理领域，而且还涉及社会学、心理学等诸多领域，将会对管理者的专业知识水平、综合能力素质提出更新更高的要求和挑战。目前酒店管理常用的有：（1）经济管理法，是指酒店按照客观经济规律要求，运用各种经济手段对劳动者进行引导和约束的管理方法。其优点是有利于酒店合理使用资源，提高经济效益，充分调动员工积极性、主动性。（2）定量管理法，就是通过对管理对象数量关系的研究，遵循其量的规定性，利用数量关系进行管理的方法。

三、中外旅游酒店的对比和启示

（一）克服价值观问题，树立酒店文化基础

旅游酒店要获取竞争优势，经营者的目光应该投向酒店的环境、旅游线路设计提供和旅

游酒店氛围的营造。酒店的价值观要不拘一格、放眼世界，挖掘文化内涵，努力营造旅游环境的文化氛围。为了使酒店文化能够深入人心，在进行文化传播时，要发挥酒店经理的垂范作用和酒店英模人物的影响作用，以增强酒店员工的企业意识，建立完善的酒店文化网络，并利用酒店文化载体和重大事件进行传播，树立良好的酒店形象。

（二）克服营销单一问题，多角度涉入经济市场

中国旅游酒店涉入市场的营销方式，首先，要进行网络营销组合。开办旅游酒店的网络文化网站，借助网络的快捷服务和准确洽谈宣传酒店的旅游线路、饮食特色、服务理念、创新优惠等内容，以此来推动营销的有效性。同时，接受网上预定也可以提高效率，使市场更加有条不紊。其次，酒店营销活动的策划需保证能够在活动中宣传自身的酒店文化和品牌。最后，旅游酒店也要进行有广泛辐射性的宣传，最好能够进行报刊、新闻、影视宣传，以此来推动酒店的形象深入人心，逐步加深人们对于旅游酒店文化的认知。

（三）转变管理方式，建立流程化管理模式

旅游酒店流程化管理模式的建立要有基本管理策略，对于旅游酒店而言，顾客满意往往取决于对酒店服务的期望与实际感知的比较程度，若顾客实际感知高于对酒店服务的期望，则满意度上升，反之将导致满意度下降。所以酒店的总体管理要基于顾客满意的管理策略。酒店只有树立全新的服务观，持续不断地改进服务质量，提高顾客满意度，才能使旅游酒店的利益得以实现。

第三章　国际文化服务贸易理论与实务

第一节　国际文化贸易概述

一、国际文化贸易的概念及分类

作为国际服务贸易的一个重要组成部分，国际上文化贸易已经成为当今全球服务贸易竞争的重点领域之一。而作为提供文化贸易的文化产业来说，其在发达国家国民经济产值中占有很大比重，正成为其出口支柱产业之一。

（一）文化贸易的概念

文化服务业是文化和服务相结合，为社会公众提供文化、娱乐产品和服务的活动，以及与这些活动有关联活动的集合。作为一种体现社会契约或经济契约关系的服务活动，与货物贸易相比，文化服务有以下方面的特点：

（1）无形性。顾客消费文化服务时只能依赖对服务提供者的认知程度或即时感受。

（2）需求决定性。文化服务不可能按计划生产，受传递中需求变化的全面影响。

（3）异质性。文化服务是观点、概念与感知，主体与环境的不同将导致服务品质的差异。

（4）即时性。文化服务的生产和消费同时发生，不可能储存和运输。服务提供者与服务消费者只有在同一场所同时进入服务程序，才能顺利地完成服务交易。

由于文化产品和文化服务的特殊性，使它们中很大一部分具有公共产品和公共服务的性质。文化产品作为人们精神活动的产物，有着历史的、伦理的、审美的多重精神内涵，负载着真、善、美的价值取向，对公民思想道德和科学文化素质有着重要的影响。尤其是公益性文化事业直接为公众服务，具有全民性和健康文化价值的导向性，它的存在和发展对于满足社会成员的精神文化需求、提高民族素质、促进经济发展和社会全面进步，具有十分重要的作用。

（二）国际文化贸易的分类

（1）以文化产品和文化服务为划分标准。在《服务贸易总协定》的“国际服务贸易分类表”中，对文化服务作了如下划分：在商业服务中，有法律服务、软件服务、数据处理和数据库服务、广告服务、摄影服务、包装服务、印刷和出版服务；在试听服务中，有电影和录像的制作和分销服务、电影放映服务、广播和电视服务、广播和电视传输服务、录音服务；在娱乐、文化和体育服务（除试听服务外）中，有文娱服务，新闻社服务，图书馆、档案馆和其他文化服务，体育和娱乐服务等。此外，近几年涌现出的文化会展服务、文化中介服务、文化咨询服务等新型服务以及相关的文化产品，也属于文化服务的范围。

在国际货币基金组织的国际收支手册中，对国际文化服务有这样的定义，居民与非居民之间，有关个人、文化和娱乐服务被细分为下面两类：一是声像和有关服务；二是其他文化和娱乐服务。第一类包括（影片或录像带形式的）电影、收音机、（实况或提前录制的）电视节目和音乐录制品。这里还包含租用费用的支出和收入，演员、导演、制片人等（或编表经济体中非居民）从作品在国外播放而得到的报酬，卖给传播媒介、在指定地点上映次数有限的播映权费，有关戏剧、音乐作品、体育活动、马戏等活动的演员和制片人收到的费用，这些活动（电视、收音机等）的放映权费用也包括在内。第二类包括其他个人、文化和娱乐活动，如同博物馆、图书馆、档案馆其他文化、体育和娱乐有关的活动。这里还包括国外教师或医生提供的函授课程的费用。

文化服务在产品总分类（central product classification，CPC）分类法中由两大部分组成。作为信息服务一个分支的视听服务，又被分为几个小类，现场表演被包括在“文化、娱乐和体育服务”分类里。其中一些服务的分类和我们对于文化服务的分类是一致的，如图书馆、档案馆和博物馆；新闻服务等则没有包括在内；体育服务等还有待商榷。出现在 CPC 分类法中的其他服务也可以被定义为文化服务。

（2）以文化硬件和文化软件为划分标准。国际文化贸易可分为文化软件服务贸易和文化硬件服务贸易两部分。一般来说，文化软件服务贸易是指包含文化内容的产品和文化服务的贸易，主要包括广播电视节目，电影动画片和故事片，印刷品，出版物，视听艺术，表演艺术，载有文化艺术内容的光盘、视盘和多媒体，以及娱乐和会展等进行的贸易。文化硬件服务贸易则是指用来生产、储存和传播文化内容的器物工具和物态载体，如摄影器材、视听设备、舞美设备、游戏和娱乐器材、艺术创造和表达的工具等进行的贸易。

二、国际文化贸易的特点及意义

（一）文化贸易的特点

作为一种特殊的服务贸易，文化贸易既涉及文化产品又涉及文化服务。这使国际文化贸易既具有国际货物贸易和国际服务贸易的共性又具有新的特征。

1. 贸易市场高度垄断性

国际文化贸易在发达国家和发展中国家表现出严重的不平衡性，这与文化市场的文化商品受各国历史特点、区域位置及文化背景等多种因素的影响密不可分。因此，国际文化贸易市场的垄断性较强，表现为少数发达国家对国际文化贸易的垄断优势，与发展中国家的相对劣势。

2. 贸易保护方式具有隐蔽性

由于文化贸易标的物的特点，各国无法通过统一的国际标准或关税进行限制，而更多地采用国内政策、法令的修改进行限制，如市场准入制度及非国民待遇等非关税壁垒形式。

3. 贸易自由化的例外性

由于图书出版、演出服务、广播影视、网络服务及教育等文化产业直接关系到国家主权、国家安全和意识形态等敏感领域，因此，各国在文化贸易的开发程度上都十分谨慎，各国政府对文化贸易的各种限制和保护远远超过货物贸易，在很大程度上阻碍了国际文化贸易的自由化进程。

4. 贸易约束条例的相对灵活性

世界贸易组织一直致力于寻求国际贸易的自由化，但从文化贸易概念出现之日起，“文化例外”就成为一种不成文的主张，为世界贸易组织各成员政府所接受并广泛运用于文化贸易政策中。因此，世界贸易组织对于文化贸易的约束具有一定的灵活性。

5. 与其他产业的强烈交融性

丰富的文化内涵和不同的文化服务，融入了几乎所有的产业和贸易领域，品饮文化、居住文化、服饰文化等，在不同的文化背景下都反映出多样的文化价值取向。尤其是文化产品和文化服务与信息技术的结合，更加速了文化的传播速度，加大了扩展范围，因而更增强了文化产品和文化服务的可贸易性。

（二）发展国际文化贸易的意义

1. 有助于实现文化产业价值链的对外经济效益，加快积累国民财富

文化贸易所带来的直接利润来源于文化贸易自身，例如，自 1990 年以来，随着知识经济浪潮滚滚而来，人们对于文化产品和文化服务的需求越来越广泛，文化贸易市场前景也越来越广阔。国际文化市场，包括文化产品市场、文化服务市场、文化要素市场、文化附加值市场等，都已成为“兵家必争之地”，成为各国企业和政府共同关注的重要战略领地。最重要的是文化产业具有高附加值、高回报的特点，其所衍生的其他相关产业的利润（如旅游、玩具、游戏、主题公园等）比直接利润要高很多。因此，大力发展对外文化贸易，有助于完善文化产业价值链，有利于加快积累国民财富。

2. 有助于传播文化理念，促进了解，树立良好的国际形象

文化产品和文化服务具有一般商品和文化特殊商品的双重属性。一个国家的对外文化贸易，不仅具有经济价值，而且具有外交和宣传功能，能在获取经济利益的同时，传播国家的意识形态和价值观念。通过大力发展对外文化贸易，能够有助于树立起一个国家良好的国际形象，吸引更多的贸易伙伴和国际朋友。

3. 有助于提升文化商品的附加值，扩大外贸出口

从生产特点、生产内容和作用的方式与范围来看，文化贸易可以带动科教、休闲、传媒、体育等庞大的贸易群体蓬勃兴盛。不仅如此，文化产业为其扩展所形成的“亚文化产业”，或者说是文化产业与其他产业融合后产生的混合型产业，既包括传统制造业、种植业、养殖业和服务业的基本形态，同时又包括具有很高文化含量的会展业、咨询业、旅游业和职业培训业等，增加了这些产业的文化附加值，并且为其他产业的外贸出口打开广阔的道路。

4. 有助于实现国民经济的可持续发展，改善出口商品结构

例如，从贸易量化的指标来看，我国无疑是世界贸易第二大经济体，不过这也恰恰说明了我国对外贸易存在着结构上的不平衡性。从我国对外文化贸易本身的情况来看，我国对外文化贸易存在着严重的贸易逆差现象。无论从文化资源的角度讲，还是从综合国力的角度讲，这种严重的文化贸易逆差都是不应该存在的。因此，从体制改革和机制创新的角度，大力发展对外文化贸易，已经成为我国发展文化事业、增强文化实力、提高国际竞争力的一个新的战略突破口和历史性机遇。同时，在改善贸易结构方面，具有高附加值、整体效应特定的文化贸易无疑具有重要的作用和意义。

第二节　中国文化服务贸易的发展

丰富的文化资源为我国文化贸易的发展奠定了坚实的基础。2001 年，我国加入 WTO 时承诺逐步开放本国文化市场，获得了进入国际文化市场的通行证。2008 年，北京奥运会的召开更是为我国文化贸易的发展创造了条件，成为我国文化贸易腾飞的重大契机。与此同时，随着我国走向国际贸易大国，我国的对外文化贸易有了历史性的增长。自 1998 年起，我国逐渐成为文化商品的进出口大国。但是，我国出口的文化商品 50% 以上是游戏、文教娱乐和体育设备及器材，被认为是世界上文化硬件出口的第二大国；而文化软件的出口，在我国还是一个比较薄弱的环节。

一、中国文化贸易内涵界定

根据文化贸易的概念，可以知道文化贸易的概念是依据其行业进行定义和分类的，我国文化贸易亦是如此。在我国，文化服务业进行的输入和输出的贸易方式即文化贸易。

简单地说，文化贸易是指与文化作品相关的服务活动的总和，其主体是一条以企业为主的协作链条，把不同的参与者连接起来——出版集团、影视制作企业、电视台、授权代理公司、周边产品开发公司等，从而组成一个完整的产业系统。

一般来讲，该系统主要由三个层次的内容组成：第一个层次，“核心层”，文化本身的产品市场，如影视作品、出版物、广播等；第二个层次，“紧密关联层”，依靠文化产品的市场向外衍生的市场，如以文化为载体的网络、休闲娱乐等；第三个层次，“关联层”，是借助文化内容为载体而进行创新形成的相对独立的市场，如以文化为主题的乐园、主题公园等。

二、中国文化服务贸易存在的问题

我国有着五千多年的文明史，丰富的文化资源虽然提供了文化发展的土壤，却没有在国际文化贸易，尤其是国际软文化贸易中处于优势地位，究其原因主要表现在以下几个方面。

（一）商品观念错位

长期以来，文化在我国并没有被看作可以出口的重要商品，这种商品观念上的错位导致我国缺乏对文化贸易的重视，缺少对文化资源的市场化开发，没有在国际市场创建得到广泛认可的文化商品和服务品牌，使我国文化商品在竞争激烈的国际文化市场上缺乏核心竞争力，文化贸易不可避免地受到制约和影响。

（二）创新主体缺乏

国际化的企业以及它们打造的产品尤其是名牌产品是开展国际文化贸易的主体。没有一批有能力进行跨国文化生产和经营的文化大企业，就不能全方位地利用国内外两种资源和两个市场，就不能充分利用世界贸易的规则在全球范围内合理地配置文化资源，使我国的文化商品在全球市场上获得应该具有的竞争力。在我国几十万个文化企事业单位中，大多数单位还处在从事业单位向企业转型的过程中。

（三）促进政策缺位

在我国长期的国际文化贸易中，政府间的文化交流一直居于主导地位，忽略了从市场角度去考虑我国文化商品走向世界市场的问题，从而导致我国缺少一整套经常调整的、重在推动本国文化贸易国际化的法律和政策。这些法律和政策包括文化贸易的外汇管理、项目审批、商品结构、区位重点和税收优惠政策等，我国目前亟须研究制定文化贸易的法律和政策框架。

（四）扶持资金不足

国家在文化产业投资上力度明显不够。近几年虽然开始实行文化企业和金融机构的合作，但大部分文化企业还是很难得到资金扶持，单靠国内的投资，又很难支撑整个文化产业及文化贸易的发展。

因此，想要发展我国国际文化贸易，就要积极实施“走出去”战略，并把实施“走出去”战略与文化产业结构的战略性调整结合起来，把文化产业“走出去”的战略与经济发展“走出去”的战略结合起来，在实施文化产业经济结构战略性调整的同时，调整我国文化贸易的产品结构和产业结构，树立国际文化贸易的观念。

三、中国文化服务贸易发展战略

我国文化贸易的发展既有机遇又有挑战。发展文化贸易既是适应世界潮流的迫切需要，也是增强文化竞争力的必然要求；既要立足于民族文化资源和国内文化市场，又要充分利用国外优秀文化资源，并积极参与国际文化市场竞争。想要发展我国的文化贸易，使我国真正成为文化贸易的强国，必须从以下方面着手。

（一）大力发展经济，调整产业结构

一个发达文化的背后一定有强大经济的支撑，秦文明、汉唐文明，古罗马文明，古埃及文明是这样，今天的美国文化也是如此。根据马斯洛的需求层次理论可知，文化需求是第三层次上的需求，因为一个国家如果连基本的温饱问题和生产问题都无法解决，那是不可能有更多的时间、精力和财力发展文化产业及文化贸易的。同时，一个好的文化应该能够促进国家经济发展，文化和经济是相辅相成的。

（二）加强文化法制建设

世界贸易组织规则规定政府的行政管理应是依法和透明的。任何一个文化贸易的出口大国都需要有一整套经常调整的、重在促进本国文化贸易国际化的法律和政策以及一系列配套政策和法律法规，如反垄断和知识产权保护等，来规范文化贸易出口的市场准入、贸易审批、统计批表、海关出入境、违规处罚等方面的管理体制。

（三）加快文化体制创新

创新是文化发展的生机与活力所在。文化产业的管理部门应该采取新的管理模式，加快体制创新和文化管理相关制度的创新，制定促进对外开放政策，鼓励文化产业单位面向国际市场，充分利用国际、国内两个市场及两种资源加强对外文化交流，发展外向型文化产业，增强文化产业的国际竞争力和对国外优秀文化先进的管理方式、手段的引进、吸纳、消化及创新能力。

（四）培养民族品牌

西方发达国家文化产业发展的历史可以证明，打造世界级的文化品牌是一条拓展资本市场的有效途径。只有拥有世界品牌，才能赢得竞争。随着我国的文化市场与国际文化大市场的逐渐接轨，我国文化产业正面临一次难得的发展机遇。只有树立我们自己的品牌，才能避免在国际竞争中陷入不利的境地，才能赢得与西方同行竞争的平等地位。

（五）培育发展跨国文化企业

跨国公司和跨国经济组织是资本全球化乃至经济全球化的直接发动者与组织者。我国文化产业要走向世界，必须培育和发展一批具有国际竞争力的文化跨国企业，在企业内部的市场化处理中进行跨国的生产和交易活动，扩大我国的文化跨国公司，确立其在文化市场中的主体地位。

（六）拓展人才队伍

我国应该积极运用多种形式扩大对外汉语教育服务出口，其目标是保持和发扬海外华人

民族特性，并为其他国家培养对华经贸、文化人才。这项工作的重点是建设一支高素质的文化贸易人才队伍，培养一批熟悉世贸规则、精通外语、具备艺术素养、能够参与贸易争端解决的复合型人才。有计划、有步骤地引进一流的文化经营和管理人才，为我国文化产品打入国际市场提供智力保障。全方位提高我国文化艺术从业人员的整体素质与水平，形成结构合理的人才队伍群体。

第三节　中国传统文化保护实务

我国自改革开放以来就确立了以经济建设为中心的治国方针。经过40多年的快速发展，我国经济发展取得了举世瞩目的成就。但在这个过程中，人们过度关注经济发展而忽视了我们的民族之根——民族传统文化的生存。近几年越来越多的人开始意识到，应该大力保护和传承我们优秀的民族传统文化，我们才能在未来世界激烈的竞争中立于不败之地，才能坚定地屹立在世界民族之林。我国对民族传统文化的保护还有许多工作要做，因此，保护民族传统文化任重而道远，需要政府和民众坚持不懈的努力。

一、制定政策大力保护民族传统文化

首先是财政支持。参照日本，其政府不遗余力地大手笔投入资金对民族传统文化进行保护，包括各项财政、基金扶持，还制定了灵活的投资体制。除了中央政府直接提供赞助、补助和奖金外，还有地方政府都设立支持文化事业发展的财政预算，政府还通过税收减免制度等扶持措施，鼓励企业对文化事业的投入。其次是制度保障。完善的政策体系是民族传统文化得到保护和传承的重要保障。如政府需要赶快出台对民间技艺传承人的补贴扶助措施。近年来我国政府相继制定了许多政策扶持民族传统文化的发展，并取得了不小的成绩。但是，一些地方政府还是本着“经济效益第一”的旧观念，还是“文化搭台，经济唱戏”，文化发展让位于经济发展，不能很好地贯彻执行支持民族文化发展的政策。这需要引起我们的警醒。

二、民族传统文化的保护需要民众的自觉保护意识

有了这种文化自觉意识，才能使民族文化得到有效的保护与传承。政府应该积极倡导各民族人民热爱、珍重、保护自己的民族文化，通过宣传、倡导等方式使人们认识到民族传统文化的重要意义，并积极主动地参与到民族传统文化保护与传承中来。民众的参与是使民族传统文化保护有长期效果的根本保证。近年来我国已有越来越多的民众意识到保护民族传统文化的重要性。这几年一浪高过一浪的“国学热”、有的小学开始重读“四书五经”、历史类书籍的畅销和各种说史的书籍层出不穷，以及各地忙“申遗”等现象，确实有利于传统文化的回归，但我们也应该看到另外一种不良现象。许多人抱着“赶时髦”的心态，甚至

出现一拥而上的现象。例如，各地忙“申遗”，但是“申遗”成功后不好好管理，盲目开发，导致该文化遗产岌岌可危。因此，大家应该保持清醒的头脑，不仅要有自觉珍视民族文化的意识，更要树立起保护好民族文化的观念，切忌浮躁、盲目跟风。

三、民族传统文化保护必须有完善的法律保障

法律在民族传统文化保护工作中起着十分积极的作用。我们进行民族文化保护也迫切地需要法律的保障，这样既能对民族文化进行有效的保护，也能促进民族传统文化的发展。通过立法切实地使民族文化得到保护，这一点在今天我国经济快速发展的过程中显得尤为迫切。有了完善的法律，对于保护民族传统文化与如何保护就有了依据。1982 年我国公布了《中华人民共和国文物保护法》（以下简称《文物保护法》），它是根据《宪法》制定的，是我国文化领域内的第一部专门法律，为我国文物保护事业起到了保驾护航的作用。现行《文物保护法》是 2017 年颁布实施的。但是，由于法规的效率级别较低，缺少权威性，缺乏可操作性；保护模式单一，责任下放给地方政府，使地方政府负担重，保护能力有限，保护范围小。一些条例适用范围比较狭窄，只是鼓励社会捐赠，对于其他民间资金怎样介入、如何运用等都没有相应的规定。这种种不足的存在，都需要进一步完善法律法规。

四、注重文化遗产保护，彰显民族文化魅力

我国目前在文化遗产保护方面面临着诸多困难。例如，对文化遗产的调查评估与规范管理理念落后，不当的城乡建设和土地利用造成文化遗产无法逆转的损毁，盲目过度的旅游开发和不当的修复、发掘造成的损失等问题，都暴露了我国在文化遗产保护与利用中相关法律体制不完备的问题。这都需要我们提高对文化遗产的保护意识，以更恰当的方式对珍贵的文化遗产进行保护。因为文化遗产是祖先留给我们的宝贝，我们不仅要保护好它，还要让它的魅力世代流传下去。

五、充分发挥文化产业对民族传统文化的保护和传承作用

文化产品的大量出口，不仅带来了大量的外汇收入，更潜移默化地宣扬了本国文化，加强了国内的凝聚力，对外国消费市场则散发出巨大的吸引力。中国社会科学院《文化蓝皮书》显示：“我国的文化产业还刚刚起步，总量不大，增幅不高，行业图景比较破碎，体制和政策还不连贯系统，尤其缺乏完整的统计资料。”我国至今没有明晰的文化产业定义，市场经济体系尚未成熟，但我国具有深厚的文化底蕴，积累了难以估价的文化资本，如果能在我国特有的文化资源基础上开发现代文化产业，将形成巨大的文化力，更好地促进民族传统文化的保护和传承。

第四章　国际金融服务贸易理论与实务

第一节　国际金融服务贸易概述

一、国际金融服务贸易的概念

国际金融服务贸易概念的发展经过了一个不断完善、不断认识深化的过程。迄今为止，不同学者从不同角度对其进行了界定。

（一）瓦尔特（Ingo Walter）的定义

较为系统的概念最早可追溯到1988年瓦尔特的定义。瓦尔特认为，国际金融服务贸易是指一国金融服务提供者的金融服务，通常通过其在客户所在国的某种直接存在，出售给另一国的公民。按照其所提供的产品，金融服务可分为六大类：（1）吸收存款；（2）国际金融交易与经营活动；（3）传统的国际贸易和现金管理服务；（4）国际借贷业务；（5）国际证券服务；（6）其他的商业银行活动。

上述定义虽然对金融服务贸易进行了高度概括，并且具体列举了金融服务所包括的活动，但存在明显的不足之处：一是对金融服务贸易活动的概括不完整不全面。国际金融服务除了以商业存在方式进行外，还包括诸如跨境提供、消费者的移动等。二是没有涵盖金融服务的保险内容。三是只强调了金融服务贸易的供给方而忽略了需求方。

（二）经济合作与发展组织（OECD）的界定

OECD于1989~1990年界定了国际金融服务的范围。根据世界贸易组织的条款，我们可以推定金融服务贸易的内涵包括以下要点：

（1）金融服务贸易是商业性的金融服务活动，它排除所有基于公共利益的政府行为，且不管行为主体是国有的或私营的实体；

（2）服务的内容涵盖银行、保险、证券、金融信息等领域；

（3）服务的提供方式为跨境提供（cross border supply）、国外消费（consumption abroad）、商业存在（commercial presence）和自由人流动（movement of personnel）。

（三）WTO对金融服务贸易的界定

WTO《服务贸易总协议》（GATS）是1982年美国在GATT部长级会议上提出进行多边服务贸易谈判的建议，1986年的“乌拉圭回合”谈判将服务贸易纳入谈判议题。直到1993年12月“乌拉圭回合”谈判结束时，《服务贸易总协定》达成，于1995年正式生效。现如今GATS作为WTO协定不可分割的一部分，其对服务贸易的定义已被各国普遍接受。近期学者的研究大都以GATS下的概念为基础。GATS规定，金融服务是指一成员方的金融服务提供者提供的任何金融性质的服务，它包括所有保险和与保险有关的服务以及所有银行和其他金融服务（保险除外）。具体可从以下三个角度来阐述这一概念。

1. 国际金融服务涉及的活动有以下两大类

（1）保险及与保险有关的活动，包括：直接保；再保险和再分保；保险中介，如保险经纪和保险代理；保险的辅助服务，如咨询、统计、风险评估和索赔服务。

（2）银行和其他金融服务，包括：

a. 接受公众储蓄和其他应偿付资金；

b. 各类借贷活动，包括消费借贷、抵押贷款、信用贷款、代理和商业交易的资金融通；

c. 融资性租赁；

d. 所有支付和货币交换服务，包括信用卡、付款卡和提款卡、旅游支票和银行汇票；

e. 担保和委托业务；

f. 自有账号和消费者账户的交易，包括兑换、证券经纪人、市场交易或其他方式；

g. 参与各类证券的发行，包括包销、募集代理及有关发行服务的提供；

h. 货币代理；

i. 资产管理，如现金或有价证券管理、各种形式的共同投资管理、养老基金管理、托管、保管和信托服务；

j 金融资产，包括证券、衍生产品及其他可流通票据在内的金融资产的结算和清算服务；

k. 金融信息的提供和转让、金融数据处理与相关软件的提供和转让；

l. 顾问、中介和其他有关上述所列银行活动的辅助性金融服务，包括信用查询和分析、投资和有价证券研究和咨询、收购建议与公司结构调整和战略的建议。

总体来看，这些活动涉及银行、保险、证券及金融信息服务四个金融方面的领域。另外，《金融服务的附录》还对金融服务提供者作了定义。金融服务提供者是指一成员方希望提供或正在提供金融服务的任何自然人或法人，但不包括公共机构。“公共机构”是指：（1）一成员方的政府、中央银行或货币机构，或由一成员方所拥有或控制的，主要为实施政府职能或为政府的意向而活动的机构，但不包括主要从事商业性金融服务供应活动的机构。（2）一私营机构，它履行着通常由中央银行或货币机构执行的职能。

2. 国际金融服务的提供

从对金融服务贸易的相关定义和提供方式来看，金融服务贸易可分为四种模式。

（1）跨境交付（或称过境交付，cross-border supply in financial services），指金融服务的

提供者在本国向境外的非居民消费者提供服务并获得报酬。它是基于信息技术的发展和网络化的普及而实现的跨越国界的远程交易，服务内容本身已跨越了国境，服务的提供者与消费者在各成员方之间并不需要移动而实现的跨境服务贸易。这种交易模式类似于传统意义上的货物贸易，是典型的、传统的“跨国界或地区的贸易型金融服务”，是金融服务贸易的基本形式。

（2）境外消费（consumption abroad in financial services），指金融服务的提供者在本国境内为其他成员方的服务消费者（外国居民和法人）提供服务并收取报酬。其特点是服务消费者移动到 WTO 参与方任何其他成员境内接受金融服务。例如一国金融机构对到本国境内旅行的外国消费者提供服务，或者国内消费者到国外旅行并消费国外金融服务，具体业务如旅行支票及信用卡业务等。

（3）商业存在（commercial presence in financial services），指一国的金融机构获准到其他成员方境内设立商业企业或专业机构，如果具有法人资格就可以该国的居民身份为当地的消费者提供金融服务，并获取报酬。其特点是服务提供者到国外设立提供金融服务的商业企业或专业服务机构，这种服务的提供是以银行业和其他金融服务业的 FDI 为基础的，同时也涉及资本和专业人士的跨国流动。该贸易模式有利于避免跨境交付的限制，迎合了东道国消费者的“本土偏好”，还便于外国金融机构与当地建立长期的业务关系。在某一成员方领土内的商业存在可以是任何形式的，无论是通过合并、收购还是创办独资或部分所有的子行（公司）、分行（公司）、代表处或其他。实际上此种方式与金融业的对外投资紧密联系，形成了银行业和其他金融服务业的国际直接投资（FDI）。金融服务商业存在最典型的模式就是外资银行和外资保险公司，例如我国境内的英国渣打银行和美国友邦保险公司等，这些金融机构就是典型的金融服务商业存在。商业存在是国际金融服务贸易活动中最主要的形式。

（4）自然人流动（movement of natural persons in financial services），指金融服务提供者以自然人形式获准到另一成员方境内为当地消费者提供服务并收取报酬。其特点是服务提供者是作为自然人的跨国移动，是暂时到任何其他成员（国家或地区）境内为服务接受者提供金融服务，这种服务的存在具有个体性和暂时性，它区别于商业存在，不具有投资行为，也不设立机构。例如，金融咨询服务的提供及跨国银行内部高级管理者的流动，金融证券分析师跨国讲学、做顾问等。以上四种金融服务贸易供应模式中，境外消费和自然人流动这两种模式在实际交易中所占份额很小。

3. 国际金融服务贸易的确认

国际金融服务贸易与服务贸易的统计存在相同的困难。然而，在目前的情况下，其可近似地通过以下两方面的数据进行核算：一是反映在《国际收支平衡表》服务贸易类项目的金融服务，包括信用证承兑、信贷额度、金融租赁及与外汇交易有关的费用等中介服务费用和与期货、期权、资产管理等有价证券交易有关的佣金与保险服务保费和赔偿额；二是反映在《国际收支平衡表》收入类项目直接投资中的金融机构投资收入。在统计金融服务贸易时，还需区分金融服务收入与资本要素服务收入的差别。理论上来说金融服务收入指的是金融机构在提供中介服务过程中所收取的费用以及在贷款、投资等过程中伴随着资本要素的提供而收取的费用，有时这部分费用隐含在利息或收益中，表现为贷款利率的偏高，有时体现在筹资者的筹资过程中，表现为交易费用的过大。资本要素服务收入指的是投资者在让渡资本使用权时所获得的一种补偿，反映在《国际收支平衡表》进行有关金融服务贸易量及构成的统计分析时，一定要注意与此有关的科目有三个：金融服务和保险服务以及直接投资中的金融机构投资收入。除此之外，其他任何科目不应列入金融服务贸易的范畴。

二、国际金融服务贸易的特征

与货物贸易和一般服务贸易相比，金融服务贸易有两个显著的特征。

（1）金融服务贸易通常都要求服务提供者在当地的商业存在。从服务提供者的角度分析，它们需要确切的信息以满足客户的贷款及其他金融服务需要，并且它们也需要了解服务提供所在国的经营条件以及业务环境。因此，排除外国金融服务提供者的一个方法就是在设立分支机构或子公司方面设置准入壁垒，从而保护国内公司不受外来竞争。从需求者的角度分析，进口国难以对金融服务贸易进行监督管理，因此，国内管制者更愿意服务提供者在当地有商业存在，以便能对其维持控制。

（2）管制体制的不同是影响金融服务贸易成本的一个重要因素。出于审慎原因，金融服务在各个国家都受到高度管制并且被认为是可以接受的，GATS 也承认国内审慎管制措施。然而这些管制影响金融服务的成本。当金融服务被交换时，一组受一套管制规则约束的服务提供者与另一组受另一套管制规则约束的金融服务提供者进行竞争，在遵守规则方面它们具有不同的成本。因此，如果不协调国内管制规则，金融服务贸易就不可能是自由和公平的，国内金融服务市场也不可能国际化。

三、金融服务贸易自由化

金融服务贸易自由化的最终目标是实现金融服务的自由贸易。具体来说，金融服务贸易自由化是指一个国家或地区逐步减少和消除各种金融服务的贸易限制和贸易壁垒，使金融服务贸易活动逐步被纳入自由竞争法则的轨道，贸易体制逐步由保护贸易体制向自由贸易体制转变的过程和状态。

自由化有静态形式和动态形式。其中，静态形式应该包括金融服务贸易的开放程度、政府监管的程度；动态形式变现在金融市场逐步开放的趋势，政府对金融监管的力度逐步减少的过程。如果从贸易的角度衡量金融服务贸易自由化程度，一国贸易的开放程度等于该国贸易进出口总额与国内生产总值（GDP）的比值。这种衡量方法借鉴贸易开放度的算法，利用金融服务贸易进出口总额占国内生产总值（GDP）的比例来衡量金融服务贸易自由化的程度。此方法涵盖全面，同时计算所需的数据很容易获得。本章第二节用的就是这种衡量方法，并用 LTFS 来表示金融服务贸易自由化程度，具体计算方法为：$LTFS = (Export + Import)/GDP \times 100\%$，其中 Export 和 Import 分别表示一国金融服务贸易出口额和进口额。LTFS 的数值越大，说明该国的金融服务贸易自由化程度越高。

第二节　中国金融服务贸易的发展

一、中国金融服务贸易发展概况

如表4-1所示，我国金融服务贸易一直处于贸易逆差状态。总体来看，2014年以前，我国金融服务贸易的进口额与出口额之间的缺口呈现不断扩大的趋势。出现这种情况可能的原因是：我国金融服务竞争优势不明显，从运营管理、技术水平到金融创新，都远远不及西方发达国家。因此，如何提高金融服务质量，挖掘国内金融机构自身的优势和特色，是我国金融服务贸易业面临的最大的问题。

表4-1　中国金融服务贸易进出口情况　　单位：亿美元

项目		2007年	2008年	2009年	2010年	2011年	2012年	2013年	2014年	2015年	2016年
保险服务贸易	出口	9	14	16	17	30	33	40	46	50	41
	进口	107	127	113	158	197	206	221	225	88	129
	总计	116	141	129	175	227	239	261	271	138	170
	差额	-98	-113	-97	-141	-167	-173	-181	-179	-38	-88
其他金融服务	出口	2	3	4	13	8	15	32	45	23	32
	进口	6	6	6	14	7	13	37	49	26	20
	总计	8	9	10	27	15	28	69	94	49	52
	差额	-4	-3	-2	-1	1	2	-5	-4	-3	12
金融服务贸易进出口总额		124	150	139	202	242	267	330	365	187	222
金融服务贸易进出口差额		-102	-116	-99	-142	-166	-171	-186	-183	-41	-76

资料来源：根据国家外汇管理局《中国国际收支平衡表》整理而得。

从整体来看，近年来，我国金融服务贸易发展迅速，进出口总额增长明显。但是金融服务贸易进出口长期处于逆差状态这一问题不容小觑。因此，虽然我国金融服务贸易取得了可喜的成绩，但是仍然要不断推进金融机构改革，不断提高竞争意识、危机意识和创新意识，提高我国金融服务的国际竞争力，扭转贸易逆差。

（1）金融服务贸易在我国服务贸易出口总额中的占比情况。以2016年我国金融服务贸易的进出口数据为例，图4-1显示出，2016年，其他商业服务、旅行、运输在我国服务贸易出口额中名列前三位，分别占中国服务贸易出口总额的27.67%、21.36%和16.24%，合计占比65.27%。在我国服务贸易出口中，金融服务贸易占比很小，仅为3.55%，其中金融服务所占比重为1.55%。

（2）金融服务贸易在我国服务贸易进口总额中的占比情况。如图4-2所示，我国服务贸易进口额位于前三位的是旅行、运输和其他商业服务，分别占服务贸易进口额的57.79%、17.84%和9.59%，合计占比85.22%。在我国服务贸易进口中，金融服务贸易占比仅为3.31%，其中保险服务项目占比2.87%，金融服务占比0.44%。

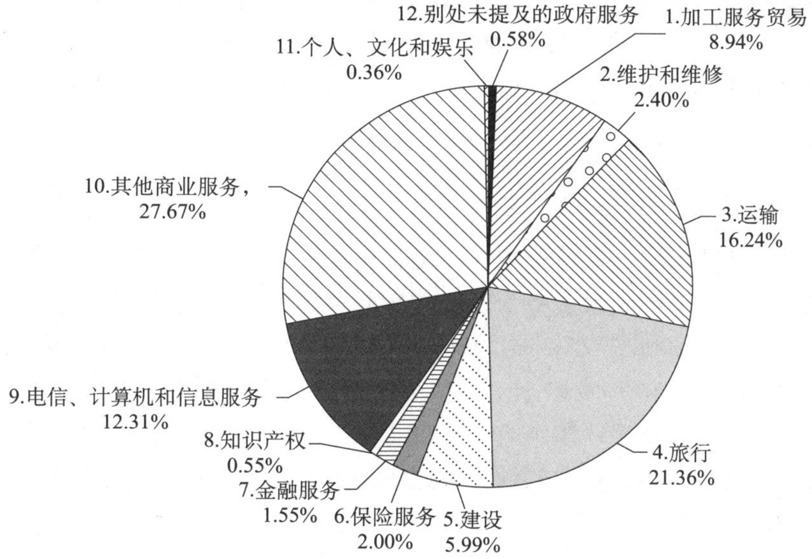

图4－1　我国服务贸易出口构成

资料来源：国家外汇管理局测算的2016年我国服务贸易出口数据。

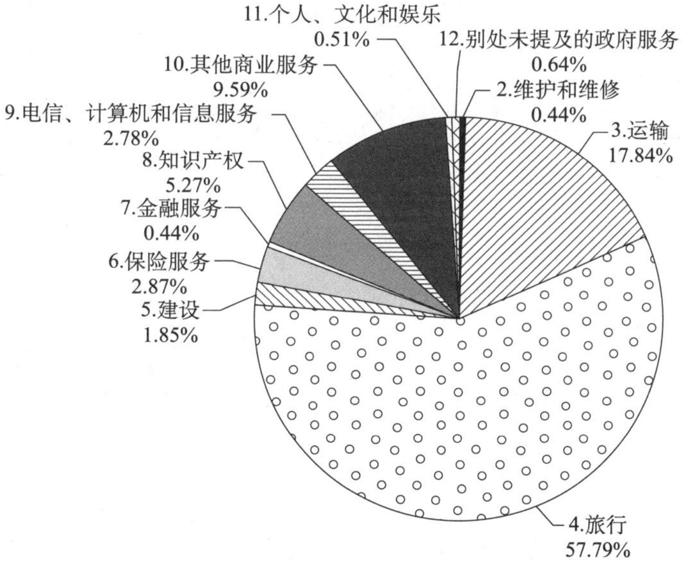

图4－2　我国服务贸易进口构成

注：图4－2我国服务贸易进口构成中1. 加工服务贸易，占比0.04%，在图中未显示。

资料来源：国家外汇管理局测算的2016年我国服务贸易进口数据。

二、中国金融服务贸易存在的问题

虽然我国金融服务贸易的总量呈现出逐年提高的态势，但从其内部结构来看，仍然存在着诸多不平衡之处。一方面是保险服务与包括银行业在内的其他金融服务之间的失衡；另一方面是进出口结构的不平衡。总体来看，我国金融服务贸易的金融自由化程度还很低。

（一）我国金融服务贸易结构不平衡

在我国金融服务贸易中，保险服务在跨境交付模式的金融服务贸易进出口总额中占据绝对比重，而且与银行等其他金融服务贸易的差距越来越大。如表 4－2 所示，保险服务贸易占有绝对比重，甚至在 2008 年高达 94.13%。2012～2016 年，比重逐渐降低，但保险服务贸易占进出口总额比例仍在 70% 以上。其他金融服务占金融服务贸易进出口总额的比重在 2015 年达到最高，为 26.56%，2016 年又稍有回落。总体来看，我国金融服务贸易结构严重不平衡，其他金融服务贸易占比较低，说明我国银行业服务贸易还比较落后，但也意味着具有非常广阔的发展前景。

表 4－2　2007～2016 年我国金融服务贸易类型结构分布　　单位：%

年份	保险服务贸易占进出口总额比例	其他金融服务贸易占进出口总额比例
2007	93.63	6.37
2008	94.13	5.87
2009	92.82	7.18
2010	86.54	13.46
2011	93.45	6.55
2012	86.26	13.74
2013	79.14	20.86
2014	74.05	25.95
2015	73.44	26.56
2016	76.53	23.47

资料来源：国家外汇管理局《中国国际收支平衡表》2007～2016 年。

（二）金融服务贸易进出口结构失衡

从进出口差额来看，中国的金融服务贸易长期处于逆差状态。从图 4－3 可以看出，进口占据了我国金融服务贸易的绝对比重，相比之下出口额差距悬殊。出现此现象的原因就在于我国的金融机构国际业务开展层次较低，主要以低端产品为主，参与国际竞争时间较短，竞争意识不强，服务上也无法与国际跨国银行巨头匹敌，我国金融服务贸易的整体竞争力还很弱，造成跨境交付金融服务贸易的进口远远高于出口。在国际货物贸易领域，一国的货物贸易进口的激增将严重冲击国内相应产业的产品价格。

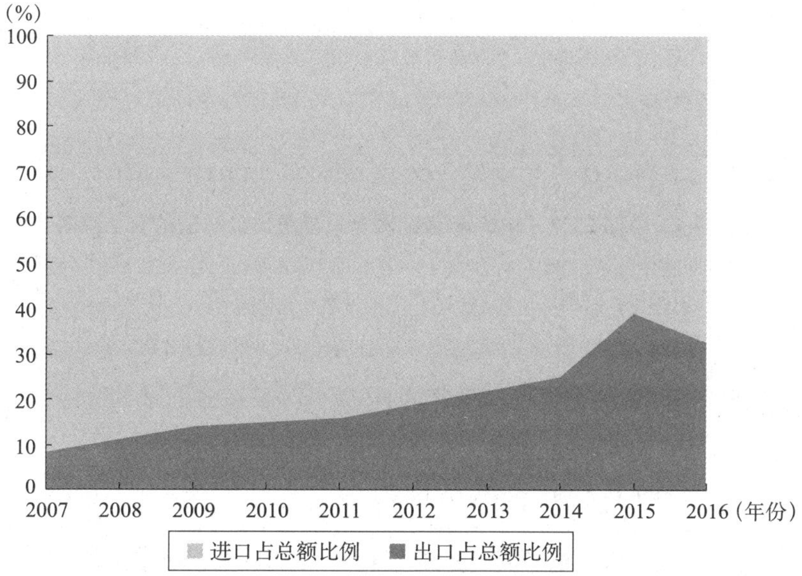

图 4－3 2007～2016 年中国服务贸易进出口结构分布

资料来源：国家外汇管理局《中国国际收支平衡表》2007～2016 年。

可以看出，近年来，我国金融服务贸易进出口差额逐渐减少，说明近年来我国对进出口结构在进行不断调整，但是与发达国家相比，还处在初步发展阶段。

（三）我国金融服务贸易自由化程度低

金融服务贸易的进出口总额与国内生产总值（GDP）的关系可以反映一国金融服务贸易自由化的程度。具体计算方法为：LTFS =（Export + Import）/GDP × 100%。其中 Export 和 Import 分别表示一国金融服务贸易出口额和进口额。LTFS 的数值越大，说明该国的金融服务贸易自由化程度越高。

图 4－4 显示的是 2007～2015 年我国金融服务贸易进出口额占 GDP 的比例的变化趋势。从图 4－4 中我们可以清晰地看到，2007～2014 年，金融服务贸易进出口总额占 GDP 的比例快速增长，并且在 2014 年达到峰值，之后又有所下降。总体来看，在这 9 年时间里我国金融服务贸易进出口总额与 GDP 的比值总体呈现稳步增长趋势，但是这一指标一直处于较低水平却也是不争的事实，由此可见，我国的金融市场开放还不够充分，金融服务贸易自由化程度尚处于低水平阶段。

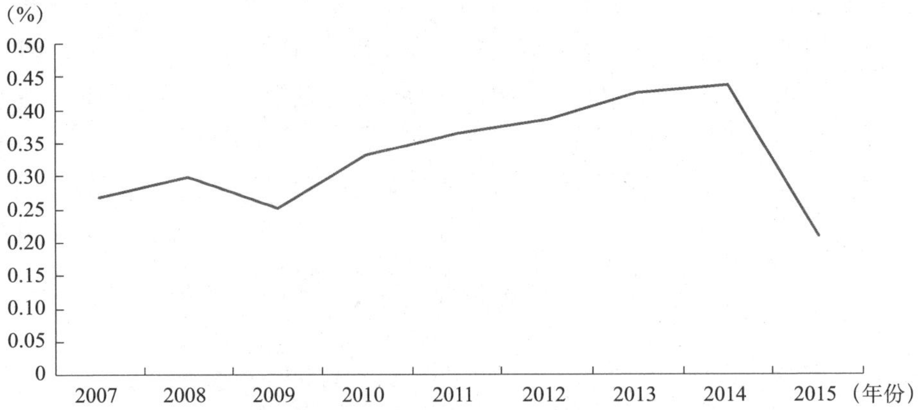

图4－4　中国2007～2015年金融服务贸易进出口总额的变化趋势

注：GDP以2010年不变价为准。

资料来源：根据国家外汇管理局《中国国际收支平衡表》和世界银行数据库整理而得。

三、金融服务贸易开放情况及相关政策法规

（一）乌拉圭回合的国际服务贸易谈判

经过各方激烈的谈判，乌拉圭回合于1993年12月闭幕，闭幕时达成了作为“乌拉圭回合多边贸易谈判成果”之一的《服务贸易总协定》（GATS），并在1994年4月的马拉喀什部长会议上正式签署，成为取代GATT统辖当今国际贸易领域最大的政府间国际协定。该协议在WTO的法律体系中，是在世界范围内推动服务贸易自由化进程的重要法律文件。

但在众多的服务门类中，金融服务贸易是最重要的部门，乌拉圭回合对这个议题的争论最为激烈。

综观GATS的谈判过程，争论主要集中在以美国为首的发达国家为一方和以发展中国家为另一方，双方争论的根本问题是经济利益。作为服务提供大国，美国等发达国家积极争取在市场准入、国民待遇、取消限制、扩大协议适用性等方面取得较为宽松的规定；发展中国家主要是服务的进口国，出于保护民族服务业、减少贸易逆差等考虑，则积极寻求给予发展中国家和地区以特殊待遇，有限度地开放市场，逐步实现国民待遇，限制服务贸易自由化原则的适用范围。在这种情况下，各方达成的《服务贸易总协定》便仅仅是一个框架协议，许多问题还需要解决。

（二）乌拉圭回合后关于金融服务的多边谈判

金融服务贸易的国际化必然要求实现国际金融服务贸易的自由化，国际金融服务贸易自由化要求在全世界各个国家之间普遍实现自由的金融服务贸易。这必须通过国际法特别是国际多边法律来加以规定。

（1）国民待遇原则。最惠国待遇原则、市场准入原则和国民待遇原则是世界贸易组织

（WTO）《服务贸易总协定》（GATS）确定的重要原则。最惠国待遇原则和市场准入原则的结合解决了金融服务贸易中成员国之间市场准入门槛的平等问题，而国民待遇原则主要解决的是一个成员方的金融服务和金融服务提供者进入另一个成员方后与该成员方的金融服务和金融服务提供者享有同等待遇的问题。

GATS 第 17 条第 1 款规定了国民待遇的定义："每一成员方应在其承担义务计划表所列部门中，和依照表中所述的各种条件和资格，给予其他成员方的服务和服务提供者的待遇，就影响服务贸易提供的所有规定来说，不应低于给予其本国相同的服务和服务提供者。"这一定义鲜明地勾画了 GATS 下的国民待遇原则只是成员方的具体承诺义务，而不同于 GATT 将国民待遇原则作物普遍义务要求成员方无条件遵守。

（2）市场准入原则。GATS 第 16 条第 1 款规定：在有关通过该协议第 1 款所认定的服务方式的市场准入方面，每一成员方给予其他成员方的服务和服务提供者的待遇，应不低于根据其承担义务计划中所同意和规定的期限、限制和条件。因此，市场准入原则的核心是要求各成员方完全履行其在市场准入方面做出的具体承诺。

就金融业市场准入而言，商业存在是双边或多边谈判中讨价还价的重点。但是，一旦就商业存在这种服务方式在市场准入方面做出具体承诺，则成员方应当无条件履行义务。我国政府对于银行服务的市场准入方面，分地域限制、客户范围和营业许可三个方面做出了具体承诺，这些承诺构成了我国政府在银行服务市场准入方面的法律义务。

（3）最惠国待遇。《服务贸易总协定》第 2 条规定："1. 对于本协定所涵盖的任何措施，每个成员方要立即地和无条件地给予任何其他成员方的服务和服务提供者不低于该成员方给予任何其他国家的相同服务和服务提供者的待遇。2. 每个成员不得保持与第 1 款不一致的措施，只要该措施列入'免除第 2 条义务附件'并符合该附件的条件。"第 2 款即所谓最惠国待遇的免除问题（exemption of MFN）。

（4）审慎措施。"审慎措施"是 GATS 金融服务附录中规定的一个例外条款，根据该条款可知，WTO 成员方有权采取审慎措施以保护其投资者、存款人、保单持有人、信托受益人，或者保护金融体系的完整和稳定性。应当说上述例外类似于 GATS 和 GATT 中规定的一般例外情况，各成员方都可以采用，但不得将该例外用作规避协议义务的措施，因此，附录要求 WTO 成员方承认其他成员方提出的审慎措施，但是必须给予其他成员方证实该审慎措施是公平有效的机会。

四、中国金融服务贸易发展战略

随着经济全球化进程的加快，我国的金融服务贸易将面临更为激烈的国际竞争。积极参与国际竞争，迎接金融服务贸易国际化带来的机遇与挑战，是提高我国金融服务贸易国际竞争力的必要选择。然而一个国家或地区金融服务贸易的发展水平和国际竞争力，受到其自身整体经济发展状况和国内外诸多经济要素的多重作用，是多种因素共同影响下的外在表现结果。目前，我国金融服务贸易的国际竞争力很弱，各项评价指标的比较结果均不甚理想，整体发展水平较为滞后。因此，改变我国金融服务贸易的劣势地位，找到新的突破口，具有极其重要的战略意义。

第一，针对我国金融服务贸易结构不平衡问题，努力提高银行等金融机构的自主创新能力就成为我国当前亟待解决的重要课题。银行业是金融企业的主体，金融企业又是金融服务贸易的主体，它们的技术能力对于我国金融服务贸易的发展至关重要。虽然可以通过跨国企业的技术外溢学习一些较为先进的技术，但是若想根本改变我国金融服务贸易落后的不利局面，还是要依靠我国金融企业的自主创新和研发能力。首先，要加快国有银行的改革步伐，按照现代化、商业化、国际化的标准，分批分步对国有控股银行进行综合改革。对商业银行的管理制度进行更新完善，以实现管理的科学化和高效化。其次，要增强股份制银行的综合竞争力。对各银行的资本充足率进行切实有效的监管，不断完善法人治理结构，充分发挥企业内各部门的相互监督作用。同时要鼓励城市商业银行的发展，大力发展中间业务，提高盈利能力。

第二，针对金融服务贸易进出口结构失衡问题，要积极实施“走出去”战略，鼓励金融行业向外发展。要积极开拓金融服务贸易的新领域、新业务，提高现有国际业务及中间业务的档次，争取走出国门，发展我国外向商业存在模式的金融服务贸易，增强我国金融业的国际竞争力。同时，抓住机遇，积极把握重要目标市场的准入机会。金融危机后，全球各国的经济金融陷入不同程度的低迷和萧条，特别是发达国家的金融服务业受到了较大范围的影响，欧美各国银行业遭受重大创伤，纷纷实施去杠杆化，收缩海外投资业务，国际金融市场面临重新洗牌。此外，各东道国的金融监管日趋严格，对各类外资银行的市场准入政策进行微调，发达国家的金融市场进一步开放，市场进入门槛有所降低。以上种种条件使中资银行一直被欧美各国限制准入的状况有所改善，为中资银行进行海外投资、进一步打开欧美市场提供了绝佳的机会。此外，我国可以考虑将非洲和南美洲地区作为海外投资的兼顾区域，把南非作为非洲的重点市场、巴西作为南美洲的重要目标市场。南非是非洲经济增长速度最快的国家，拥有较为成熟的金融市场和货币市场，金融危机后，欧美发达国家在南非的投资缩水，为中资银行开辟南非这一新兴市场提供了有利条件。目前，中国建设银行和中国银行已经在南非设立了分支机构，其他银行可以此为鉴，将南非作为后期开拓市场。

第三，在提高金融服务贸易自由化程度方面，首先，要有效利用金融服务贸易的所有权优势。在国内金融市场向外国开放的过程中，通过技术外溢使中国企业学习到更多国外先进的经营理念和经营思路，改善自身的管理模式，提高组织运行的效力，不断提升竞争力。其次，充分发挥区位优势，加强向东亚、东南亚这些国家金融服务贸易的渗透程度，扩大项目融资和带资承包，加强从业人员的技能培训，提升服务质量；将企业自身的产品与当地实际需求相结合，加大相关配套服务投资领域，延长金融服务的产业链；对于目前一些高风险区域的投资，国家要给予政策和资金上的支持，解决企业的后顾之忧。最后，国家要引导金融企业的“集群化”发展，通过产业集群，提升金融服务企业的竞争力。同时还要保证银行、保险和证券相互支持，以全面均衡地提升我国金融服务贸易的竞争力水平。

第四，加强金融人才的引进和培养。我国金融业的发展与其他产业的发展存在着不协调，对我国就业的贡献还比较少。这反映出我国金融业的发展还比较落后，同时也反映出我国金融业进入的门槛比较高，限制了资本和人力资源向金融产业的转移。因此，有必要继续推行金融人才战略，多渠道加强金融人才能力的培养和建设。首先，对国内与教育密切相关产业的投资力度要进一步加强，成立形式多样、内容丰富的培训机构。通过产学研相结合的方式，尽快提升金融从业人员的专业素质和能力。其次，要建立科学的人才培养机制，培养金融从业人员的服务意识和服务理念，努力造就一支国际型和复合型的专业化金融人才队伍。再其次，加强国内服务人才的保护，建立有效的人才激励机制，充分发挥他们的积极性和创造力。同时，要防止在引进外资过程中造成本国人才的流失。最后，通过不断提升本国金融服务贸易的竞争力吸引海外人才来华为我国服务。加强对金融从业人员的定期培训，鼓励和督促员工不断进行观念和知识更新，建设结构合理的人才队伍。同时，改革现行人事管理制度、业务考核办法和收入分配制度，使其向市场规则和国际惯例靠拢，建立一个有利于培养、发现、吸引和留住人才的环境。

第五，加强政府层面对金融服务贸易的支持。若要推动我国金融服务贸易的发展，就必须充分发挥政府作用，推动和深化金融体制改革，不断给提供金融服务的企业“减负”，最大限度地提升我国金融服务贸易的竞争力。具体措施如下：首先，政府应考虑适当放松对金融业的严格管制，给本国金融业参与到国际竞争中去的机会，与国际市场接轨，不断提升自身抵抗风险的能力。政府还要通过与世界其他国家和国际组织的谈判，为本国金融企业的发展赢得良好的国际环境。其次，尽快完善我国金融服务贸易统计指标的建立，为企业决策提供更加有效、翔实的信息。目前，我国的国际收支平衡表只有关于旅游和运输等服务贸易的统计，而对于金融服务贸易，只统计了以跨境交付方式进行的交易，忽视了近些年来不断发展的以商业存在方式进行的交易，非常片面。不准确的统计信息不但不利于企业制定商业决策，对于政府层面制定产业决策也会产生很大的负面影响。最后，建立政府协调机制，提高发展金融服务贸易的意识。由于金融服务贸易跨行业、跨部门的特征给管理带来了相当大的难度，目前跨部门的工作协调、配合与衔接主要靠各部门的责任心和高度自觉，开始形成我国金融业的发展提供政府服务的工作机制，但这种自发形成的工作机制，需要并且完全能够进一步规范化、制度化，因此建立统一完善的领导协调机制是非常重要的。

第六，建立完善的金融监管体系。一是应尽快建立各分业监管主体之间有效的合作协调机制，在各司其职的基础上进行协同监管，建立金融企业的强制信息披露制度，定期或不定期向社会公布国内各金融机构的真实业务状况，形成国家监管和社会监督的双层监管模式。二是要促进国有商业银行内部管理体制的改革，加强内部控制制度的建设，完善商业银行的内部控制和风险管理。进一步转变监管理念，从传统的以现场检查为主向非现场检查与现场检查相结合转变，从手工监管逐步过渡到电子化监管，建立科学的预警系统和畅通的信息网络，制订可量化的监管指标，提高监管透明度和可操作性。三是要加强我国金融业早期预警系统的建设，建立统一的电子认证中心，强化对电子支付和清算系统的风险防范。四是加强对外资银行的监管。目前外资银行数量的不断增加使其在我国金融体系中的作用日益重要，因此，完善对外资银行的监管有助于保证我国的金融安全、推动中外银行的良性竞争、不断提升我国金融服务的竞争力。

第三节 国际银行业的并购策略与实务

国际银行业的发展史实际上就是一部并购史，世界银行巨头绝大多数都是经过并购产生的，可以看出银行业的并购在金融业的发展中始终占据着重要地位。在国际银行业并购浪潮中，并购银行要达到既定的战略目标，就要针对自身的情况选择适当的并购策略，完善并购过程。

早期的并购案例发生于19世纪末20世纪初的英美实业界，是西方经济从自由竞争走向垄断竞争的重要标志。“二战”后，特别是20世纪70年代初布雷顿森林体系崩溃之后，并购活动开始向金融领域转移，1975年全世界发生的金融并购占全部并购的20%。80年代以后，以美、英、日三国为先锋的金融自由化浪潮为银行并购活动提供了制度空间和市场空间。90年代以来，银行并购的规模、金额不断扩大；跨行业合并成为新热点，例如2000年9月13日，大通曼哈顿银行以约360亿美元收购了主要从事股票承销业务的摩根银行。两个银行合并后共同组建的摩根大通银行的总资产达6 600亿美元，成为美国第三大银行。这种新型的并购使得银行业务日益多元化，广泛涉及证券、信托和保险等业务。

一、国际银行业并购原因

历来经济学家与银行家们对此有多种解释。归纳起来有如下三点。

（一）规模经济

银行规模包括业务规模、人员规模和网点数量三个方面。一方面，规模经济的实现不仅能使银行的成本递减，收益递增，竞争力增强，还将成为银行进一步扩大规模及市场份额的基础和源动力。另一方面，银行规模扩大到一定程度后，也可能出现规模不经济，它将使银行的利润率受损，市场地位和竞争力无法维系，甚至导致效率的下降。因此，银行规模经济有一个底线和临界点。规模太小，单位成本偏高，缺乏必要的竞争力，规模太大，超过临界点，就可能因为协调、监督和管理成本的上升而出现竞争能力减退。所以，建立一定规模之上的比较竞争优势是一个富于进取的现代商业银行对规模经济的理性追求。

（二）技术成本

信息技术的发展促使银行的经营方式发生结构性转型，更加注重向技术密集型生产方式的转变。21世纪的银行竞争已从有形的地区性网络走向无形的电子网络，由于电脑系统及其他电子设备软件的投入成本接近于固定，两家银行合并后只需用一套电脑系统，可减少重叠的技术人员，并节省大量的研发费用。

（三）协同效应

企业并购可以使企业实现资源互补，从而使资源从能力强的企业向能力弱的企业流动，即效率强的并购方通过收购管理能力相对无效的被并购方来提高被并购方的效率，从而提高并购双方作为整体的效率，为企业创造并购价值；抑或被并购方比并购方有更好的成长潜力，并购方通过并购获得这种额外的成长潜力，为企业整体增加附加值。并购能有效发挥综合协同效应，其中包括财务协同效应，财务差异效应，生产协同、经营协同，人才、技术、产品等的协同，增加银行的价值，提高长期获利的机会。

二、并购的主要策略

（一）并购对象的选择策略

并购对象的选择是实施银行并购战略的第一步，也是决定并购成功与否的重要因素。在对象选择方面，要考虑以下三个方面：一是目标银行所在的地域，主要考察所在地域的政治因素、与我国经济贸易往来情况以及地域的未来发展潜力。二是考察规模是否适中，目标银行规模太大，可能增加并购的风险和融资的难度，加大银行的财务压力；规模太小，难以达到预期目标，不能实现银行并购的战略计划。三是是否具有业务互补性，是否能够帮助其实现市场的扩张。银行并购是为某种战略目标服务的，业务互补可以使并购银行拓展业务领域，增大客户资源，提高市场竞争力。

（二）并购时机的确定策略

并购时机的问题不仅与银行自身的经营发展状况有关，还与一定的外部环境如经济环境、制度环境等有很大的关系。一是经济周期与并购时机。银行业并购起始于经济萧条时期。在这个时期，股价严重被低估，其实是最佳的并购时机，但是经济前景难以确定。在经济复苏时期，资本市场日益活跃，良好的经济环境刺激了银行业务的扩张，银行可以选择这个时期实施并购。随着经济的不断发展，银行之间的竞争使得银行并购达到顶峰，这时候银行的并购成本相当大，所以这个时期并不适合并购。当经济开始衰退时，资本市场不活跃，股价被严重低估，银行并购的成本下降，因而是银行业并购的良好时机，但并购融资比较困难。二是制度环境与并购时机。当资本市场、产权市场比较完善时，一项新的制度出台，都会导致银行并购活动的产生，即当有利于并购活动的制度环境出现时，银行会选择这个时机进行并购，因而银行并购大量发生，相反，若制度条件不利，银行并购受到很大限制，此时不适合并购。三是银行内部财务与并购时机。一般来说，银行财务状况良好时，是银行采取并购的有利时机。

第五章　国际教育服务贸易理论与实务

第一节　国际教育服务贸易概述

一、国际教育服务贸易的概念

根据 WTO《服务贸易总协定》的规定可知，“教育服务”属于服务贸易范畴。《服务贸易总协定》第 13 条规定：除了由各国政府彻底资助的教学活动以外（如军事院校），凡收取学费、带有商业性质的教学活动均属于教育服务贸易范畴。它覆盖基础教育、高等教育、成人教育和技术培训，所有 WTO 成员方均有权参与教育服务竞争。

由此可见，在国与国之间主要出于经济目的而进行的教育服务输出与输入构成教育服务贸易。从经济学层面来看，教育服务贸易其实是一种跨国的教育选择，选择的主体可以是以学生及其家庭为主的教育消费人群，也可以是政府或社会机构。前者是在开放的市场环境中选择效用最大化的服务，属于个人消费；后者是政府或者社会机构出于发展经济的需要来选择消费国外的教育服务，为受教育者“买单”，即政府（机构）采购，如公派留学就是一种典型的方式。教育选择的客体是服务生产者提供的具有一定质量、品牌和特色的多样化教育服务。

二、国际教育服务贸易的类型

《服务贸易总协定》（GATS）中对教育服务贸易模式进行了定义，其中包括跨境交付、境外消费、商业存在和自然人流动。

（一）跨境支付

从一成员方境内向任何其他成员方提供服务（这种服务不构成人员、物质或资金的流动，而是通过电信、邮电、计算机网络实现的服务，如视听、金融信息等）。对教育来说，主要是提供远程教育课程与教育培训服务，比如网络大学、虚拟大学、开放大学等远程教育服务。随着信息技术的发展，跨境支付的教育服务贸易模式发展迅速，如美国 Wordedo 公司，在全球开拓网络教育。加拿大、法国、德国、日本、新加坡等国家也在海外不断推广跨境交付模式。

（二）境外消费

在一成员方境内向任何其他成员方的服务消费者提供服务（如接待外国游客，提供旅游服务，为国外病人提供医疗服务）。在教育方面，主要指一方公民到另一方留学进修和接收另一方留学生等。

境外消费是教育服务贸易起步阶段的主要形式，在全球教育服务贸易市场中占有最大的份额。从目前的发展趋势来看，境外消费方式的教育服务贸易规模还在不断扩大。境外消费模式受到多种因素的制约，如学历认证、教育机构接纳能力、汇率、签证政策、社会文化等。近些年，教育服务贸易模式不断创新发展，对境外消费模式的发展有一定的影响。

（三）商业存在

一成员方的服务提供者在任何其他成员方境内通过商业存在提供服务（指允许一国的企业和经济实体到另一国开业，提供服务，包括投资设立合资、合作和独资企业。如外国公司到中国来开办银行、商店，设立会计、律师事务所等。这是服务贸易的最主要形式）。对教育来说，主要是指一方的教育机构到另一方去开设学校和其他教育机构，从事教育培训等活动。合作办学和分校园的建立，需要构建土地、教学基础硬件设施等，聘用教师和管理人员等初期大量投资。同时，这种商业存在的教育服务贸易模式还需要东道国相关政策支持。

（四）自然人流动

一成员方的服务提供者在任何其他成员方境内通过自然人存在提供服务。对教育而言，主要指一国公民到另一国从事专业教学培训工作。在经济全球化环境下，促使研究学者、教师进入海外学校提供教育服务。教育资源从丰裕国家流向稀缺国家，弥补了一些国家教育资源不足的现状。这种教育服务贸易中自然人的流动形式，一定程度上受到接收国和输出国政府政策的影响。每个国家都会制定对本国有利的移民政策、资格认定、税收政策、金融管制政策等，从而影响国际教育服务中自然人流动的数量和质量。

三、国际教育服务贸易的特点

教育服务（educational services）属于12类服务贸易中的第五类，其贸易对象是教育服务产品，教育服务产品是教育机构为满足人民的各种教育需求而提供的服务产品。这些产品既不同于实物生产部门所生产的有形的消费品和资本品，也不同于其他服务业所提供的服务产品。国际教育市场上教育服务产品包含四个方面的内容。但不管教育产品具有如何丰富的内容，服务都是教育服务产品的基本特质，正是由于教育服务产品的这一特质，决定了教育服务贸易的基本特征。

（一）基础产业性

教育属于第三产业，即服务业，但在服务业中教育服务又具有特殊性。教育服务在国民经济增长中的贡献日益增大，并在国民经济发展中具有全局性、先导性的作用。

（二）不可分离性

教育具有生产和消费的同时性与共发性。教育服务的过程就是教育消费的过程。教育服务的这种生产与消费的同时性，使大多数教育服务不可能像有形产品一样，可以储存和运输。国际服务教育贸易的传统模式是以留学为主的境外消费，近年来，信息技术、远程教育和 FDI 的发展，深刻改变了传统的教育服务传送过程。

（三）异质性

异质性是教育服务的一个基本特征，不同的生产者提供的服务质量是不同的，即使是同一生产者提供的同一种服务，由于消费者不同所享受到的服务结果也会不同。不同的教育机构提供的教育质量有很大的差别，许多教育机构经过多年的发展已经形成了自己的品牌和特色。教育服务的异质性还受国别、地域和文化的影响，尤其是教育发达国家优质的教育资源在国际教育服务上有较强的竞争力，所以教育服务的异质性使教育服务贸易的国际竞争更为激烈。

第二节　中国教育服务贸易的发展

一、中国教育服务贸易存在的问题

（一）教育服务贸易总体竞争力不强

与一些教育发达国家相比，我国高校的整体办学水平还不高。主要表现在：我国教育服务出口规模偏小；外国留学生占本国学生的比例不如发达国家；教育服务贸易逆差较大。

教育服务产品的质量直接决定教育服务贸易的竞争力。目前全世界留学生主要集中在教育发达国家的知名大学里，主要原因是这些大学能提供高质量的教育产品。相比之下，我国教育服务贸易的微观主体机构缺乏教育服务国际市场竞争观念，普遍对如何扩大学校在国际市场的影响和走出国门跨国办学缺乏积极性，没有发挥出应有的竞争力和影响力，导致我国国际教育服务贸易处于劣势地位。

（二）政府政策支持力度不够

国外把国际教育服务作为一项贸易来经营，通过市场化手段运作，各国政府制定政策对其给予了积极扶持，大力倡导教育机构开展国际教育服务贸易。而我国虽然这几年也加大了政策支持力度，但是因为一些传统机制得不到根本转变，阻碍了国际教育的市场化进程，各方的积极性没有被调动发挥出来。

在教育经费上，我国教育经费投入严重不足，影响了教育水平的提高，不能满足国民巨大的教育需求，也不能适应国际教育服务贸易的发展。首先，教育投资尤其是政府教育投资增长缓慢，跟不上教育规模快速增长和教育质量提高的要求。与国际水平相比，国家财政性教育经费支出占国内生产总值的比重偏低。其次，我国教育投资结构不尽合理。我国原有的教育管理体制基本上实行的是国家集中计划、政府直接管理、单一财政拨款的体制。多元化的教育投资体系仍然没有完全建立起来，还不能满足教育发展的需要。最后，在奖学金方面，我国目前为留学生提供奖学金主要是国家行为，奖学金渠道单一，数量有限，没有建立起多元化设立奖学金的渠道，此外，在留学生管理模式等方面比较保守，与其他国家相比差距较大，这些政策的不配套一定程度上减少了来华留学的生源。

（三）教育服务贸易管理滞后

我国教育服务贸易管理滞后主要表现在以下几个方面：第一，缺乏完备的教育服务贸易法律法规体系，我国教育服务贸易立法严重滞后，虽然近几年有了较大的改观，先后颁布了《中外合作办学条例》《高等学校境外办学暂行管理办法》等法规，但是与教育服务贸易广泛的内涵和教育服务贸易发展的要求相比还存在着许多不足之处。到目前为止，我国尚没有一部关于教育服务贸易的一般性法律，没有针对发展国际教育服务贸易的纲领性文件，相当一部分领域的法律处于空白状态，各级政府也没有以直接发展国际教育服务贸易为出发点的政策和整体规划，现有的政策也主要是教育系统本身的行业规则。需要的还没有出台，已有的约束不到位。所有这些都成了我国高校发展国际教育服务贸易的瓶颈，这也从侧面反映出我国国际教育服务贸易立法相对滞后。第二，对国外教育服务贸易发展的有关态势没有进行系统分析和研究，既不了解外国教育机构的做法，也不掌握各国学生消费者的需求，这对发展我国对外教育服务贸易极为不利。第三，缺乏能够反映我国教育服务贸易的统计指标体系，尽管我们可以确定教育服务贸易呈持续发展的态势，但缺乏全面准确的数据来描述教育服务贸易的整体发展状况，这不利于我国制定正确的发展教育服务贸易的战略和策略。

（四）教育机构缺少优质教育资源

我国缺少优质教育资源主要有以下四方面的表现：教育产品质量较低；师资队伍整体素质不够优秀；教育机构资金实力薄弱；教育信息化水平低。我国在对教育服务贸易的思想认识、政府政策支持力度、教育服务贸易管理、相关市场发展程度、教育机构本身缺乏竞争实力等方面存在不足，很多地方和部门需要不断完善与改进。

（五）教育服务贸易市场发育不成熟

目前我国教育服务贸易的相关市场没有建立起来。现有的出国留学中介市场也很不完善，主要表现在：一是目前很多中介机构只注重眼前利益，缺乏长远的眼光和品牌发展思路，学生消费者的利益被损害的情况时有发生。二是出国留学中介市场的从业人员素质普遍不高。良好的留学中介市场属于新兴的知识密集型行业，从事这个行业的人必须要有比较深的教育背景，包括有出国经历的法律、外语方面的专业人士，现在中介市场的从业人员大多都是转行而来。目前我国出国留学不断保持着升温的趋势，留学需求远未达到饱和。因此，对留学中介市场进行规范，使留学市场日趋完善是我国发展教育服务贸易的重要环节。

目前我国缺乏专业从事引进外国留学生及优质外方合作办学者的中介组织，跨国合作办学的中介组织几乎没有，缺乏中介组织将我国大学的优势专业课程推向国外。总之，由于缺乏与国外教育机构争夺国际教育市场的体制与强有力的中介实体，导致我国在教育服务贸易中存在一定的盲目性，想要全方位开展教育服务贸易需要在市场建设和机构健全方面做出更大的努力。

二、中国加入 WTO 在教育服务贸易方面的承诺

1994 年，中国政府就包括教育服务在内的国内服务行业的市场开放，向关贸总协定提出了正式的初步减让表，后来经过多边谈判，形成了教育服务贸易的正式承诺。WTO 要求每个成员方提出其服务贸易具体承诺减让表，并且在减让表中说明市场准入限制、国民待遇限制及其他任何限制。减让表一般由水平承诺和部门承诺两部分构成。

（一）与教育服务贸易有关的水平承诺

水平承诺通常是对某一种服务提供方式特别是商业存在和自然人流动的限制，通常用来说明允许外资进入的方式、租用土地的最长时间以及外方雇员境内居留的期限等，它适用于减让表中包括教育服务在内的所有部门。

水平减让表对于契约式合资企业的说明是，依照中国法律、法规及其他措施订立的设立“契约式合资企业”的合同条款，规定诸如该合资企业经营方式和管理方式以及合资方的投资或其他参与方式等事项。契约式合资企业的参与方式根据合资企业的合同决定，并不要求所有参与方均进行资金投入。我国认定的中外合作教育服务将以契约式合作机构为主，以有别于其他商业性合资合营机构。

（1）允许不得从事任何营利性活动的外国企业（包括教育服务机构）在中国设立代表处，对设立分支机构不做承诺。

（2）以教育为目的的土地使用期限最长为 50 年，这说明中外合作教育服务机构在享有中国土地使用权出让方面的最高年限，等同于国外教育机构的待遇。

（3）外国机构代表处、分公司和子公司的经理、高级行政管理人员和专家作为高级雇员、公司内人员临时调动，或被中国境内外国投资企业雇用，允许其作为自然人入境，在中国居留首期为 3 年（如合同期不满 3 年，以雇佣合同时间为准）。服务销售人员符合水平减让表条件者允许入境，时间不超过 90 天。以上均适用于教育服务减让表承诺的活动。

（二）与教育服务贸易有关的部门具体承诺

具体承诺是指我国对承诺表中列明的开放部门在服务提供方式、市场准入和国民待遇方面提供的具体条件和限制的规定。

（1）加入 WTO 后，我国除对义务教育和特殊教育服务（如军事、警察、政治和党校教育等）不开放外，将在初等、中等、高等、成人教育及其他教育方面许可外方介入。即从

开放的部门来说，中国对教育服务部门的五个分部门都实行了开放，包含：初等教育服务（CPC921，不包括 CPC92190 中的国家义务教育）、中等教育服务（CPC922，不包括 CPC92210 中的国家义务教育）、高等教育服务（CPC923）、成人教育服务（CPC924）及其他教育服务（CPC929，包括英语语言培训）。

（2）对跨境支付方式下的市场准入和国民待遇均未作承诺。因此，对外国机构通过远程教育和函授等方式向我国公民提供教育服务，我国可以完全自主地决定开放尺度，不受 WTO 协议的约束。

（3）商业存在方面，不允许外国机构单独在华设立学校以及其他教育机构，在市场准入上允许中外合作办学，并允许外方获多数拥有权，但没有承诺给予中外合作办学国民待遇。

（4）对境外消费（如出国留学或招收国际留学生）则是采取完全许可的态度，即不采取任何措施限制我国及其他 WTO 成员方的公民出境（入境）留学或者接受其他教育服务。

（5）对自然人流动，要求外国个人服务提供者入境提供教育服务，必须受中国学校或其他教育机构的邀请或雇用，对其资格要求是外国个人服务提供者必须具有学士以及学士以上学位，具有相应的专业职称或证书，具有 2 年以上专业工作经验。

三、中国教育服务贸易发展战略

第一，完善现代大学制度。现代大学制度的核心是，在政府的宏观调控下，大学面向社会，依法自主办学，实行民主管理，这既涉及规范大学与政府、大学与社会的关系，更涉及大学内部治理结构的完善和改革。

第二，提高教育投资的效率。高等教育的发展绝不能完全依靠政府出资，教育社会化和民办教育的发展同样发挥着重要的作用。

第三，正确认识教育产业化。教育产业化的本意应该是：如果国家的投入不足，就需要有民间投入。民间的投入主要有两种方式：一种是营利性的；另一种是非营利性的。按照《中华人民共和国民办教育促进法》的规定，这两种方式都是合法的。高等教育是一个附加教育，主要看收入能否支付成本，从这个意义上来说，教育也应该产业化。

第四，建设研究型大学，改善来华留学生结构不合理现象。重点建设一批研究型大学，吸引高学历外国留学生。我国应将来华留学教育的发展目标，逐步定位在有较高学历层次的教育对象上，加快建设具有国际竞争力的高水平研究型大学。

第三节　中国对教育服务跨境提供的政策与立法

自改革开放以来，中国通过“引进来，走出去”，积极参与经济全球化进程，逐步确立了一个积极主动参与、与时俱进的国际发展战略。教育发展战略是国家整体发展战略的重要组成部分。中国政府做出的教育服务贸易承诺把握了教育主权与开放教育市场相互关系的合理选择。与此同时，相关政策与立法也不断出台和调整。

同任何其他法律关系一样，涉外教育服务也受到多种法律调整。总体上，我国涉外教育服务法律关系既受到国内法的调整也受国际法的调整。另外，我国与其他国家间达成的有关教育服务的双边协定、协议、议定书等也作用于我国的涉外教育服务。

由于教育服务的特殊性和对教育服务作为贸易的不同认识，世界各国都没有专门针对教育作为商业活动的立法。我国也是如此。现今适用于我国涉外教育服务的法律主要集中在教育法领域，且没有专门区分教育服务的公益性和商业性。

为了突出与国际教育服务贸易的联系，本节以 GATS 中规定的四种服务贸易提供方式为主线，对现有的涉外教育服务贸易法律加以归纳。

一、境外消费

最早管理我国学生出国留学和教师出国从事教育服务活动的措施，主要出现在《中华人民共和国出入境管理法》和有关外汇管理的规定中。2000 年以后，我国出入境制度对自费出国留学的管理规定有了明显放松：一是免去申请护照必须提交录取通知书的规定；二是学生可以凭入学通知书和签证等证件申购较多的外汇；三是取消征收高等教育培养费的规定。2002 年 11 月，中国政府取消了大专以上学历人员毕业后必须为国家服务 5 年的限制，简化了自费留学的审批手续，废止了执行长达 12 年的对具有大专以上学历的自费出国留学人员收取高等教育培养费的规定。与此同时，国家还于 2003 年 10 月设立了“国家优秀自费留学生奖学金”项目，先行在美国、日本、英国、法国和德国的中国留学生中试点，申请人为 40 周岁以下的在读博士生，以适当资助自费留学人员中的优秀者，鼓励其回国工作或为国服务。为了保护自费出国留学当事人的合法权益，教育部于 1999 年颁布了《自费出国留学中介服务管理规定》，于 2002 年成立了“教育涉外监管机构”。对各类教育涉外活动加大政府方面的监管力度。教育部还通过中国教育涉外监管信息网和中国留学网，于 2003 年 6 月首次公布了 21 个国家的部分高等院校名录；适时通过新闻媒体发布“留学预警”，2004 年 4 月教育部与国家工商行政管理局联合发布了《自费出国留学中介服务委托合同（示范文本）》，从而形成了一个全方位的服务和监控系统，规范市场秩序，使自费出国留学申请者能够获取可靠的出国留学教育信息，切实保护自费出国留学申请者的合法权益。

外国学生来华留学和工作，除了受 1985 年的《中华人民共和国外国人入境出境管理法》和公安部与外交部于 1986 年发布的《中华人民共和国外国人入境出境管理法实施细则》影响以外，还受其他专门教育法规的影响。这些教育法规包括《高等学校接受外国留学生管理规定》《关于执行〈高等学校接受外国留学生管理规定〉有关问题的通知》《教育部国际合作与交流司关于中国政府奖学金的管理规定》《教育部关于实施中国政府奖学金年度评审制度的通知》《教育部关于改革外国留学生学历证书管理办法的通知》《中小学接受外国学生管理暂行办法》。

二、跨境交付

与此相关的专门法律规定主要是教育部发布的《高等学校境外办学暂行管理办法》以及《中华人民共和国民办教育促进法》和《中华人民共和国中外合作办学暂行规定》。根据教育部于2002年6月22日发布的《关于加强中外合作办学管理的紧急通知》，在《中华人民共和国中外合作办学条例》之前，中外合作办学仍按《中华人民共和国中外合作办学暂行规定》执行，对于远程教育，不设立专门机构的中外合作办学，依照《中华人民共和国中外合作办法暂行规定》审批。《中外合作办学条例》（以下简称《条例》）在2003年9月1日正式生效，这个《条例》重视遵守WTO的基本规则，强调WTO规则与中国教育服务承诺相衔接，按照法制统一原则，将中国的教育服务贸易承诺转化为国内法。为了便于《条例》的具体操作，教育部还制定《中华人民共和国中外合作办学条例实施办法》。

另外，外国教育机构委托中国的中介组织招收中国境内的学生赴该国教育机构学习，外国教育机构与中国的教育机构在我国境内共同举办的教学考试，以及我国的教育机构在国外举行的教育考试，目前主要以非设立型的方式进行，也属于跨境教育服务的范围。

三、商业存在

在此服务提供方式下，外国教育机构在我国提供教育服务的形式主要是中外合作办学，即外国教育机构同中国教育机构在中国境内合作举办以中国公民为主要招生对象的教育机构的活动。目前相关条例已经出台，中外合作办学的概念更加明确，规范更加合理。根据教育部于2002年6月22日下发的《关于加强中外合作办学管理的紧急通知》，教育部起草《中华人民共和国中外合作办学条例（草案）》的目的就是“为适应加入世界贸易组织的形势需要，与我国对外教育服务作出的承诺相衔接”。所以，《中华人民共和国中外合作办学条例》实际上是我国政府将在商业存在方式下所承担的国际义务转化为国内法律的一种尝试。

四、自然人存在

同境外消费一样，外国教学和教育教学管理人员来华从事教育服务活动主要受入出境和居留管理规定的影响。目前，外国专家局制定了以下一些规定：《关于调整外国老专家的工资和解决其特殊问题的通知》《关于外国专家购买外汇有关规定的通知》《聘请外国文教专家单位资格认可办法》《学校及其他教育机构聘请外籍专业人员管理办法》《外国文教专家工资和生活待遇管理办法》等。

第六章　国际运输服务贸易理论与实务

第一节　国际运输服务贸易概述

一、运输服务贸易的概念

运输服务是个人或社会组织为消费者凭借某种工具、设施等实现货物或人在空间上的位移所进行的一种经济活动，以及以此表现的使用价值或效用。从狭义上来讲，运输服务贸易是指以运输服务为交易对象的贸易活动，即贸易的一方为另一方提供运输服务，以实现货物或人在空间上的位移。然而，从 WTO《服务贸易总协定》所调整和规制的服务贸易内容与目前国际上对服务贸易的主要分类方法来看，运输服务贸易的内涵和外延有所拓展。从广义上讲已不仅仅局限于人员或货物在一定空间内转移的服务，还包括与该服务相关的各项辅助性、支持性服务，如港口服务贸易、船舶租赁服务贸易、飞机修理与维护服务贸易、火车牵引服务贸易等。因此，广义的运输服务贸易既包括核心服务（individuality services），也包括追加性服务（complementary services）。

运输服务贸易的主体是服务的需求者与提供者。运输服务的需求者是托运货物的贸易商或其他托运人，运输服务的提供者是拥有船舶、火车、汽车、飞机等运输工具，按客户的要求将货物从起运地运至目的地的承运人。运输服务贸易的主体双方构成了运输服务贸易的市场。运输服务的客体不是有形的货物，而是运输服务。

二、运输服务贸易的分类

对于运输服务贸易，有许多不同的分类标准和分类方法。按照运输的对象，运输服务贸易可分为货物运输服务贸易和旅客运输服务贸易；按照贸易主体的性质，可分为国际运输服务贸易和国内运输服务贸易。

WTO 乌拉圭回合服务贸易谈判小组在对以商品为中心的服务贸易分类的基础上，结合服务贸易统计和服务贸易部门开放的要求，在征求各谈判方的提案和意见的基础上，提出了以部门为中心的服务贸易分类方法，将服务贸易分为 12 大类。其中，将运输服务贸易分为四类：（1）货物运输服务，包括航空运输、海洋运输、铁路运输、管道运输、内河和沿海运输、公路运输服务，也包括航天发射及运输服务，如卫星发射等；（2）客运服务；

(3) 船舶服务 (包括船员雇用); (4) 附属于国际运输的服务，主要指订舱、制单服务，报关、报检、保险服务，货物包装、装卸、仓储服务，港口服务，起航前查验服务等。

国际运输服务贸易属于因人员或商品流动而引起的服务贸易，所以与其他国际服务贸易一样，它有四种供给方式，分别为：(1) 跨境支付，只通过电信、邮电、计算机网络等从A国境内向B国境内提供各种运输服务，如国际货运代理服务、船舶代理服务等；(2) 境外消费，指从A国境内向B国境内的运输服务消费者提供服务，如国际领航服务、提供泊位服务等；(3) 商业存在，指B国的运输企业或经济实体到A国开办任何类型的分公司或分支机构，向东道国、母国或第三国提供各种运输服务，如B国运输公司在A国设立办事处或合资开立运输公司等；(4) 自然人流动，指A国的运输服务提供者通过B国境内的自然人存在提供服务，如船员租赁、一国的船舶维修专家为另一国提供修船服务等。

三、运输服务贸易的特点

同其他类型的服务贸易一样，运输服务贸易也具有标的物的无形性、生产与消费的同步性等国际服务贸易的共性特征；但作为一个独立的服务部门，运输服务贸易也具有其自身的特征。

(1) 运输服务贸易派生于货物贸易。货物贸易是运输服务贸易的本源，两者有着极为密切的联系，运输服务贸易是为货物贸易服务的。货物贸易和科技水平发展到一定程度后，便出现了运输服务贸易。

(2) 运输服务贸易标的具有无形性。运输服务贸易的提供者不生产有形产品，一般也不改变服务对象的属性或形态，但它改变了产品的“位移”，因此，运输企业的产品就是“位移”；它的生产过程与消费过程相结合，同时进行，不可分离；运输企业没有产品可以储存，能储存的只有运输能力。

(3) 中介或代理在运输服务贸易中具有重要作用。由于国际运输是一项业务范围广、头绪多且情况复杂的工作，许多工作需要委托代理人代为办理。因此，在运输服务贸易中，包括船舶代理、货运代理、运输代理、票务代理等代理服务。

(4) 运输服务贸易的可替代性强。运输服务包括海洋、航空、公路、铁路、多式联运、管道等多种多样的方式，这些运输方式具有较强的可替代性。运输服务贸易需求者可以根据实际情况进行选择。

第二节　中国运输服务贸易的发展

一、中国运输服务贸易发展现状与问题

货物贸易的大幅增长必然带来运输服务需求的大幅上升，但我国的运输服务并未如货物贸易一样迅速发展起来。我国虽涌现出了中远海运集装箱运输有限公司等具有一定竞争力的

国际运输企业，但多数仓储、运输、货代等运输服务贸易主体普遍规模较小，功能单一。目前国内物流集中度低，综合运输体系缺乏，运输管理、技术和服务方式落后。恶性竞争又造成运输成本居高不下，进一步加剧了我国运输服务效率、供给能力低下的问题，制约我国运输服务业的发展。同时，我国海运市场开放程度已接近甚至超过部分发达国家。我国货物贸易发展引致的巨大需求吸引了全球各大运输企业，而运输服务市场的过度开放为其提供了直接参与竞争的机会。我国的运输服务业尚未发展成熟，竞争力较弱，跨国运输企业则利用自身规模优势形成垄断，抢占并控制运输市场，致使我国只能依靠海外运输企业来弥补运输服务的需求缺口。自由化的竞争市场，国内运输业产能不足，共同造成了我国运输服务贸易的持续高额逆差。

二、中国运输服务贸易发展战略

（一）重视并加大对运输服务业的支持力度

国际运输服务贸易是货物贸易与服务贸易的桥梁和纽带，对传统货物贸易的影响重大。加大支持力度不仅有利于改善我国的国际收支，更为我国开拓更广阔的贸易市场提供了便利。现阶段我国运输服务的发展速度远远不能满足国际货物贸易的运输需求，需求增幅明显高于供给的增长，对货物贸易的促进作用有待增强。我们应当改变观念，重视运输服务业的发展。

（二）加强运输服务业的基础设施建设

由于起步较晚，我国运输服务业存在基础设施落后、分布不均衡、服务水平不高等问题，严重影响到我国运作效率，使得国内承运能力不足。首先，必须加强海运港口、航空港、陆路交通、物流中心以及电信网络基础等运输基础设施的建设。其次，要加强物流园区、物流中心和配送中心等区域性物流组织的建设，完善运输服务生产要素。最后，应全面推进综合交通运输体系建设，建立起远洋、航空、公路及铁路的综合运输模式，积极开展多式联运和集中运输业务，增强运输服务业的综合竞争力。

（三）增强运输企业的国际竞争力

作为国际运输服务贸易的主体，必须增强国际运输企业的整体实力。要加快运输服务业的发展，整合资源、集中优势，通过构建国际竞争力强劲的综合型运输企业来提高市场占有率。首先，国际运输企业要努力经营，积极利用外资、引进先进技术和管理经验，扩大经营规模。其次，通过控股并购、资产重组、战略结盟等途径，构建大型国际运输集团，提高集约化程度，实现规模化经营。再其次，实行差异化战略，树立品牌战略，通过富有特色的经营方式取得市场份额。最后，应积极地实行“走出去”战略。只有建立高素质的运输服务人才队伍，更加熟悉国际规则，才能更好地适应国际标准，增强国际竞争力，实现我国国际运输服务贸易的长足发展。

第七章　国际信息服务贸易理论与实务

第一节　国际信息服务贸易概述

信息服务贸易是指与信息产品和信息服务有关的一切贸易形式和活动，与一国信息通信技术（ICT）投资和信息基础设施水平密切相关，但在统计和操作中有不同的理解。有主张从国际贸易角度的大三分法认为国际贸易分为物质贸易、劳务贸易和信息贸易，其中信息贸易为技术、信息商品和信息服务贸易，并列举国际技术与管理咨询服务贸易（如工程咨询、法律、财务服务贸易）、国际经贸信息服务贸易、国际专家服务（如国际教育、技术专家服务贸易）等作为信息服务贸易的内涵（张强莉，2007）。逯宇铎（2007）等关注到信息服务贸易的多样性，提出从有形信息服务贸易和无形信息服务贸易进行区分，涵盖跨国数据流服务、电信服务、工程咨询服务、技术培训与教育服务、金融信息等无形信息服务以及计算机软件、音像制品、文化娱乐制品和某些高技术产品等涉及知识产权的各种有形产品。信息学者，如马克·尤里·波拉特（1978）、储节旺（2002）则更关注信息服务的本质特征，主张在已有的信息产业统计口径中切分出信息服务业类别并加以统计。但是，上述统计范畴，要么在国际贸易平衡支出表中无法反映，要么不能完全反映我国信息服务贸易的总体范围。

信息服务贸易应为服务贸易的下位类，从属于服务贸易总体分类。世贸总协定将服务贸易划分为 12 个大部门（商业服务，通信服务，建筑及相关工程服务，分销，教育，环境，金融，与健康相关的服务，旅游和旅行相关服务，娱乐、文化和体育服务，交通运输服务，其他）及 160 多个分部门。商务部结合 WTO 相关要求，提出运输、旅游、通信服务、建筑服务、保险服务、金融服务、计算机和信息服务、专有权利使用费和特许费、咨询、广告和宣传、电影和音像、其他商业服务 12 大类。

此处笔者将 GNS 的通信服务、计算机和信息服务界定为信息服务的范畴。

第二节　中国信息服务贸易的发展

一、中国计算机和信息服务贸易发展现状及发展战略

（一）我国计算机和信息服务贸易发展中存在的问题

（1）财税金融支持政策不完善。自改革开放以来，我国大量引进国外先进的技术和经

验，计算机和信息服务业逐步得到发展。但是，由于我国计算机和信息产业发展起步较晚，金融支持政策还不够完善。如按国家有关规定可知，只有拥有自己产品的软件企业才可以享受财税减免扶持政策，小规模的软件企业难以得到有效的融资渠道，致使小规模企业发展受阻，经营难度加大；缺乏软件产业最需要的风险投资机制，从投资主体、撤出渠道、中介服务机构到监管系统都还没有完整的体系，致使很多软件企业无法享受优良的外部经营环境。

（2）复合型和高端人才缺乏。我国计算机和信息服务行业起步较晚，政府对相关专业的人才培养关注度不高、投入力度不够以及相关经验不足，高等院校在此方面设立的课程都比较基础和单一，理论知识并不能与切身实践有机结合。因此，企业基本聘用的都是基础技术人员，无法胜任更高要求的工作，再加上企业在人才储备方面没有做好充分准备，人才培养和培训的投入力度都不够，进一步加剧了复合型人才和专业性人才短缺的状况。

（3）企业经营管理水平较低。目前，我国计算机软件企业的管理水平还未完全达到国际化、规范化水平，管理水平较低，运营方式不合理，缺乏完善的项目管理体系和质量保障体系，而且我国多数计算机软件企业规模较小，获得国际质量认证的企业更是极少。企业软件跟不上，硬件又先天不足，导致完成的服务产品首次无法达到贸易方的标准，经常遭受返工，增加企业负担。

（4）企业研发设计能力不强。我国计算机软件企业自身发展水平低，能力有限，与印度、爱尔兰、美国等国家相比，我国软件企业还无法承接国外完整的业务，只能承接低层编码任务，从而赚取低廉的加工费用，盈利较低，尤其是在开发设计和咨询研发等更高价值的环节参与度不高，许多软件外包服务还处在产业价值链的较低端。

（二）对策建议

（1）完善财政金融政策。关于财政政策方面，建议拥有自己产品的软件企业可以享受财税减免等有关扶持政策，从事软件相关服务如软件咨询、培训、测试的企业或中介机构也可以享受财税减免政策，得到相同的扶持政策；关于金融环境，我国软件企业大多规模较小，建议设置专门针对中小软件企业的金融产品，使更多的软件企业可以获得资金支持，得到更好的发展。

（2）加大人才培养力度。作为高校，在重视学生基本理论知识积累的同时，更应重视学生的实际动手能力、实践经验的积累以及英语能力的培养。作为企业应致力于长远发展和可持续发展，注重人才储备，注重员工培训，既要强调专业知识的精和专又要强调工作态度、团队精神以及表达能力。

（3）提高企业经营管理水平。我国应借鉴印度、爱尔兰和美国等国家先进的经营管理经验，规范国内企业的管理水平和运营方式，提高企业的业务能力，积累开拓国际市场的经验，朝着国际化与规范化方向发展，提高我国服务产品全球交付能力。

（4）提升企业研发设计能力。企业应该秉承可持续发展理念，更加注重开发设计、咨询研发等核心竞争力的研究，使企业拥有不可替代的竞争优势，提升计算机软件产业在全球价值链上的地位，长远立足于全球价值链高端。

二、我国通信服务贸易发展现状及发展战略

（一）中国通信服务贸易出口的发展现状

（1）通信服务贸易总体比较平衡。我国在具有比较优势的行业，如劳动密集型产业、资源禀赋型产业等对外贸易有较大的贸易顺差。但在一些高新技术、高附加值的产业，如旅游服务贸易等行业，则有着较大的贸易逆差。由于近年来我国通信技术的发展和制造水平的提升，通信服务贸易总体发展平衡。当然，与发达国家相比，我国的通信服务贸易还属于比较弱小的竞争对手，市场占有率还非常低。

（2）通信服务贸易出口增长速度逐步趋于平稳。在加入 WTO 之前，我国通信服务贸易出口有着比较明显的大小年特点，基本上是好一年差一年，之所以会出现此类情况，一方面与国际市场的波动有关，我们的通信服务贸易出口大多处于行业末端，市场的表现易受制于人；另一方面也与我国通信服务贸易出口总额相对较小有关，往往是某个企业在国际市场上赢得一个大单就会直接影响到当年的通信服务贸易出口整体表现。而近年来以华为、中兴为代表的中国通信企业已经完成了全球化发展的布局，对市场的预测准确程度以及市场占有率都相对较高，通信服务贸易出口趋于稳定也在情理之中。

（3）通信服务贸易竞争力提升不大。与快速发展的我国服务贸易相比，通信服务贸易出口虽然有了越来越突出的影响，但在服务贸易出口中所占的比重也只是在 1.1%，甚至多数年份都在 0.9% 左右。而发达国家的通信服务贸易出口在整个服务贸易出口中占比达到 20% 左右，这无疑表明了我国通信服务在全球市场上并不具备较强的市场竞争力。

（二）中国通信服务贸易出口存在的问题

（1）通信服务贸易国际竞争力较弱。从多名研究人员的研究结果来看，我国通信服务贸易的国际竞争力还比较弱。在用来比较一国某产业比较优势指数（RCA）、竞争优势指数（TC）上，我国的通信服务贸易的计算结果都不太理想。以朱连心、余升国（2012）的研究为例，其通过对荷兰、波兰、韩国以及我国等在内的 18 个经济体的实证，得出结论：与其他 17 个国家相比，我国通信服务贸易的市场竞争力是比较低的，处于比较明显的竞争劣势地位，但后续可以开拓的空间比较大。事实上，在 TC 指数上，我国指数最高的年份是 2000 年，曾经一度达到 0.7，显示出比其他国家都要强的竞争力。但在这之后，美国、英国都相继超过了我国，而同期我国通信服务贸易竞争优势指数却在逐年下滑，与美国、英国、德国等发达国家的差距越来越大。到 2015 年，美国已成为发达国家中通信服务贸易竞争优势指数最大的国家，而我国的通信服务贸易竞争力水平却已落后于几个发达国家。当然，我国是全球第一大对外贸易国，中国产品在全球有着比较强的竞争力。近年来我国政府对服务贸易的重视程度越来越高，基本上是将其作为对传统货物贸易的重要补充，甚至是将其视为弥补当前货物贸易出现下滑的重要替代品，在政策扶持以及资金支持上，力度都比以前强得多。如果再加上我国依然拥有的劳动力优势，通信贸易服务还是有发展潜力的。

（2）通信服务贸易对外开放水平低，市场环境有待改善。与传统货物贸易相比，服务贸易对于市场的壁垒更加敏感，市场存在的贸易壁垒也更容易抬高其贸易成本。通信服务贸易与一般服务贸易不同，作为国家信息安全战略的重要基础基石，各国对于通信服务贸易高度重视，政府对市场的干预力度较大，设置的规矩与壁垒也更多。一直以来，我国政府在通信服务贸易领域的开放总是小心翼翼，以保障国家通信安全。即使是加入 WTO 以后，中央政府也只是对通信服务贸易适当减少了行政干预，但管控依然十分严格。例如，在市场准入上有着比较高的门槛，再例如，在技术引进上，通过国家标准的隔绝，很难有外资企业真正进入核心领域。这样做的好处是明显的，既保护了国家通信安全、信息安全，又保护了国内通信企业。但负面影响也是十分明显的，国内通信服务贸易企业活在温室中，对全球先进通信技术和通信服务贸易发展趋势接触不多、了解不深。在没有市场竞争的背景下，国内通信服务贸易企业的技术更新速度、技术研发等有些故步自封。与此同时，市场上来自政府行政力量的干涉比较多，直接加大了其贸易成本。

（三）通信服务出口贸易问题的成因

（1）我国通信服务贸易产业基础还比较薄弱。发达国家的通信服务贸易发展早在 20 世纪 50 年代就开始了，受益于信息产业发展给人们生产生活带来的便利，通信服务产业一直受到政府的支持，使其得以不断创新发展，发达国家也较早进入了信息社会，拥有更加发达的通信服务产业，表现出更强的通信服务贸易出口也就不难理解了。相对于发达国家，我国第三产业本身就长期落后，在政府的产业战略中其受重视程度也居于第二产业之后，这直接影响着我国通信服务贸易的发展。

（2）我国通信服务贸易管制政策非常严格。在全球一体化快速发展的背景下，我国各行各业融入全球市场的速度不断加快，各个领域的对外开放程度也逐步加深。面对我国巨大的消费市场，越来越多的外国企业加快了对中国市场的开拓。但由于我国本身的通信服务贸易水平较低，而通信服务贸易又关系到国家的通信安全，政府在贸易管制上还是非常谨慎的。例如，法人资格、股权、注册资本、公司性质等方面，都有着比较严格的进口政策。虽然按照我国加入 WTO 承诺需要取消地域上的限制，但此类进口政策上的限制还是在规则范围之内的。这样做的好处是保护了国内市场，但同时也加大了国内通信服务贸易所需的各项技术引进的难度与成本，这对国内各家企业而言，与国际通信服务贸易市场的相对隔绝，使其很难在第一时间了解掌握国际市场情况，对技术的前沿研发掌握不全面，难以及时跟上全球通信服务贸易的新发展。而且由于我国通信服务贸易发展水平较低，亟须通过引进国际先进技术以加快通信行业技术的升级换代，但严格的市场管制产生更高的进口成本，无疑削弱了我国通信服务贸易的竞争力，对我国通信服务贸易的出口不利。

（3）垄断市场的“走出去”战略实施缓慢。正是考虑到通信安全在国家安全战略中的重要地位，国内通信业此前一直是中国电信、联通、移动三家企业的垄断世界。三家企业借助垄断地位轻松地在国内市场完成市场的布局、开拓，并获得理想的利润回报。对于国际市场的关注自然就会很少，其主要的资本投向只会是在国内市场，投向国际市场的资本与精力越少，国际市场开拓越难，国际市场成绩越差，越会让三家企业打消“走出去”的战略想法，如此反复，造成迟迟无法打开国际市场的局面，造成我国通信服务贸易出口水平与出口成本的不理想。

（4）通信服务领域人力资源供给情况不理想。相对发展时间比较长、发展水平比较高的发达国家通信服务业人力资源充足、人力资源培育体系比较健全的情况，我国通信服务业的人才培养、供给情况都还不理想。一方面，是现有从业人才结构不合理，人员素质参差不齐，突出体现在我国高端通信服务从业人员数量少。从当前来看，全球大部分的通信服务业务来往都是以英语为通用语言，但我国从业人员的英语能力还比较欠缺，对国外先进管理模式的学习与运用往往都是来自二手资料，这不仅造成了我国的通信服务贸易需要付出更多的语言成本，也需要借助、引进外国管理人才，间接增加了我们的贸易人力成本，限制了我国通信服务业竞争力的提升和通信服务贸易的发展。另一方面，在人才培养模式上，我国虽然建立了从中等职业学校到高等院校的完整人才培养体系，但通信服务相关专业的人才培养内容与培养方式，更多的是注重通信技术研发与通信技术应用，尤其是通信技术应用是各个学校最主要的课程内容。对于通信服务贸易涉及的内容还非常少，无法为我国通信服务贸易企业在国际上的开拓提供合格的人力资源。人力资源上的短板，成为我国通信服务贸易多年来起色不大的重要原因之一。

（四）提升我国通信服务贸易出口水平的对策

（1）提高我国通信行业技术水平。我国通信服务贸易出口表现得不尽如人意，有外部环境的原因，但归根到底还是我们自己的通信技术水平不高，在国际市场上竞争力不足。要大力推动我国通信行业技术水平的提升，为扩大我国通信服务贸易出口奠定基础。一是要打破行业分割管理体系，从引入市场竞争力量开始，提高有限资源的利用率，逐步建立起更加适应国际竞争的市场体系，培育出具有更强国际竞争力的通信服务贸易企业。二是通过降低资费促进通信服务贸易的发展，使其成为出口贸易的助力。相对于欧美等发达国家和地区，我国通信资费还是非常高的，通信技术收费同样也非常高，限制了企业在国际市场上表现出更强的竞争力。通过改革现有收费标准，提升我国通信服务贸易企业竞争力。三是大力推进通信服务贸易企业信息化，探索新技术贸易模式，降低贸易成本，提升通信服务出口水平。

（2）积极参与自由贸易协定（FTA），营造有利的国际环境。对国内通信市场实行较为严格的保护，在保护了国内市场的同时也阻断了国内企业走出去的道路，我们同样也面对着外国市场的各种限制。一方面，积极参与FTA，大力发展自贸区，为我国通信服务贸易创造新的条件。可以在FTA规则和双边自由贸易协定的谈判中，加入互相开放通信服务贸易领域的内容，创造我国通信服务贸易企业曲线进入国际市场的机会。另一方面，积极营造有利的国际环境。例如，针对我国加速进入全球化的现实，通信企业特别是行业巨头应积极参与国际商务谈判，坚持自身的发展诉求与目标，学会融入国际市场。同时，以提升国内通信服务贸易市场为基础，为我国通信服务贸易企业赢得更好的国际市场。

（3）加大通信服务贸易领域全能型人才的培养。在全球化日益深入发展的今天，各国对于人力资源的重视程度更高，人才争夺战也更激烈。要加大我国通信服务贸易领域的人才培养力度，一方面，加大对国际化人才的培养。不仅要适应当前通信服务贸易领域以英语、西班牙语、德语等大语种交流的需求，在培养课程中加入语言课程，同时，还要着眼于通信服务贸易的全球市场竞争，将全球重要市场国家的法律法规作为学习内容，提高我国通信服务贸易从业人员对国际法律的了解与掌握水平，提升我国企业在实施“走出去”战略时，能够在更短的时间内完成对当地市场的适应。这也有利于我国的通信服务贸易企业更好地参与国际谈判，在国际通信服务贸易规则制定中发挥更大的作用。另一方面，对当前学校人才培养体系进行优化，重点是在通信服务贸易管理人才和技术研发人才培养上进行改变。前者主要是培养更多懂技术、会管理的中高级人才，提高我国通信服务贸易企业参与国际市场竞争的水平。后者则主要是提高我国通信企业自主创新能力，从一直以来的市场模仿者转变成拥有自己核心产品的市场引领者，从根本上提高我国通信服务贸易的出口能力。

第三节　信息服务贸易中的个人资料保护实务

一、信息服务贸易与个人资料保护的矛盾及冲突

（一）资料与信息

资料（data）一般指关于某一方面事物或人的原始数据，如个人的身高、体重、肤色等外貌特征。信息（information）是指按照不同目的、方法对资料进行分析处理，经过特定处理的资料就成为对人们有用的信息。比如通过对特定人群的个人资料进行分析处理，就可得出他们的消费习惯、消费心理等信息。资料是信息的基本要素，信息由资料处理而来。但资料与信息的区分也不是绝对的，因为信息还可以再加工，对再加工的信息而言，前面的信息也是资料。因此，本节在讨论信息跨国服务时，对两者并没有严格区分。

（二）信息服务贸易对个人资料保护的影响

1. 资料成为贸易标的

经济合作与发展组织最早提出资料跨国流通，是以保护自然人隐私权为出发点的。20世纪80年代，国际间对资料跨国流通讨论的重点仍在于个人资料的保护上，而随着信息服务业渐次发达，有90%的资料跨国流通是属于非个人资料之传输，因此，如何避免各国借保护个人资料之名行贸易保护之实，成为世界贸易组织及各国着力解决的新问题。

信息服务所涉范围较广，本节仅讨论与资料跨国流通有密切联系的利用国际网络提供信息的电信增值网络服务业，即信息传输与利用服务业。

与国际货物买卖相比，信息服务贸易具有以下特征：（1）交易标的不同。国际货物买卖的标的为实体上的有形物（something），而信息服务贸易则以理念、知识、信息等无形财产权为主要贸易对象。（2）交易渠道不同。前者运送标的物的渠道有车、船、航空器等传统交通工具，而信息服务则需借由光纤、卫星、电脑、电话等通信网络来传输信息资料。（3）交易形式不同。电脑与电信结合之后，信息的内容不同于以往仅以书籍、纸张等有形

物显示，而可改以其他特殊物理形式出现，如电脑荧幕显示的画面、电脑磁盘、无线电波等形式。

2. 信息服务贸易中个人资料本人的权利

信息服务贸易的发展使我们每个人的资料可能在不知不觉中成为他人贸易的标的，对此我们应主张何种权利？如何寻求救济？根据对个人资料的不同保护模式，会得出不同答案。如依据财产权保护模式，则本人可向信息提供者请求返还不当得利；如依据隐私权保护模式，则会主张侵犯隐私权的精神损害赔偿。如上所述，个人资料体现的是某种与特定自然人有特定联系的信息，是自然人身份的标识，与人格利益相关。而信息的价值因人而异，没有一个客观标准，因此，财产保护模式不能很好地救济资料本人所受侵害。至于隐私权保护模式，可以在一定程度上解决问题，但并非所有的个人资料都涉及隐私，商家收集的消费者资料大多与隐私无关，如年龄、性别、收入等。因此，应该采取个人资料自决权保护模式。在信息服务贸易中资料本人的权利应包括：（1）个人资料公开权。即本人可向信息服务商提供自己的个人资料。（2）个人资料更正权。提供给信息服务商的资料如与真实情况有出入，可向其要求更正。（3）停止侵害与损害赔偿请求权。未经本人同意而将其个人资料加以处理并供他人利用，本人可请求信息服务商停止使用或永久删除其个人资料并给予损害赔偿。基于一般人格权的损害赔偿并没有一个客观标准，可根据对本人精神上的损害程度和信息服务获利情况来决定。

（三）个人资料保护一定程度上限制了信息服务贸易的发展

各国对信息服务贸易的限制措施主要有以下三种：（1）限制信息产业的外国投资。（2）实施贸易保护政策。（3）通过个人资料保护严格控制资料跨国流通。

在个人资料保护较为严格的国家，资料的跨国流通受到诸多限制，这就使得相当一部分资料无法作为信息服务的标的，或者要经过烦琐的登记审批程序，影响了信息服务跨国贸易的发展。而贸易自由化是全球经济发展的要求，因此，国际社会在信息服务贸易方面出台了一些规范，以促进各国信息服务业的健康发展。

二、国际上关于信息服务贸易的规范

（一）经济合作与发展组织资料跨国流通宣言

经济合作与发展组织于1985年通过了世界上第一份有关资料跨国流通经济性议题的文件，即资料跨国流通宣言，内容如下。

（1）由于信息技术发展，使得各国经济发生结构性变动，各国应认识到建立共识、协调解决方案的重要性。

（2）在尊重各国国内法律的情况下，各会员方政府应尽力促成信息服务业的开放，避免对资料跨国流通产生不公平障碍。要求各国将相关法规透明化，发展并寻求解决资料跨国流通所产生问题的方案，考虑他国处理资料跨国流通相关问题的可能措施。

（3）资料跨国流通的三种类型，供各国参考。三种类型的资料跨国流通包括了公司内部资料、从事国际贸易所生资料、信息服务业者提供的资料。

该宣言与经济合作与发展组织的《个人 TDF 及隐私权保护指导纲领》相同，均不具有法律约束力。

（二）WTO 服务贸易总协定

针对是否将服务贸易纳入 GATT 多边贸易体系的问题，发达国家与发展中国家间存在较大分歧。以美国为首的发达国家希望借自由服务贸易国际规范的制定消除服务贸易障碍，以促使各国开放市场。但由于发展中国家在服务贸易上多不具优势，故对服务贸易自由化持反对态度。经过若干协商，1986 年 GATT 始将服务贸易列入谈判议程。经过七年谈判，在 1993 年 12 月 15 日达成协议，称服务贸易总协定（General Agreement on Trade in Services，GATS）。总协定附则 3 为电信附件，适用于会员国有关公共电信传输网络及服务之接入或使用办法，而不作用于电话、电报、传真、电视等基本电信网络的经营。也就是说，附则 3 是规范电信增值服务业者及其他服务业部门供应者使用电信传输网络及服务问题。服务总协定还确定了服务贸易的渐进式自由化模式。

从上述国际协议的内容可看出，信息服务贸易的开放与个人资料的保护均为今后世界贸易的发展方向。但如何规范信息服务贸易过程中发生的侵权行为，是我们今后要着力解决的问题。

三、我国的应有立场

如何平衡贸易自由与个人资料保护的关系，颇费思量。这涉及法律的价值选择问题，即自由与安全的选择。法的价值是有位阶性、冲突性的。当贸易自由与个体权利发生冲突时我们该如何取舍？我们应该鼓励交易还是仅关注个人资料的安全？信息服务业的开放是实现信息服务贸易自由化的必经之路，而个人资料在信息服务业的发展过程中也不可避免地会受到更多侵害。个人资料在本人不知不觉中已成为跨国贸易的标的。资料本人应如何主张、救济自己的权利？个人资料保护在发达国家已有先例可循，而我国在这方面的立法尚属空白。

WTO 要求其成员方必须在市场经济的共同基础上实现全球范围的贸易自由化，信息服务贸易是其中的重要组成。加入 WTO，我国的电信服务业将面临一场严峻的挑战。当然，中国加入 WTO 后，按《服务贸易总协定》的电信服务协议，作为发展中国家，中国在开放过程中可逐步参与，并可以要求有关的电信组织和一些发达国家提供先进的通信技术设备和相应的服务技术帮助我国发展电信业。还可以利用保护幼稚产业、安全例外等条款，保证民族产业的发展。

按照我国加入 WTO 的有关协议，中国将在两年内取消增值电信服务的地域限制，而外资持股最高可达 50%。基础电信业的开放也将在新一轮的谈判中解决。由此可见，服务贸易自由化的脚步越来越近，而我国国内相关立法还远远不能满足要求。就个人资料保护而言，是当前最为迫切的立法要求。在经济全球化、贸易自由化成为历史发展趋势的今天，个人的隐私权利不得不在相当程度上容忍全球化对其带来的负面影响。自由与安全其实是对立统一的。在信息时代，如果个人资料得不到有效保护，则会严重挫伤消费者享受信息服务的积极性，从而阻碍信息服务业的发展。因此，我国的立场应是顺应贸易自由化的国际趋势，逐步开放信息服务业；同时，加快规范信息服务业，以及个人资料保护的立法，以期获得贸易自由与个人资料保护的双赢。

第八章　国际环境服务贸易理论与实务

第一节　环境服务贸易概论

一、环境服务内涵与分类

环境服务贸易，即以环境服务为贸易对象的贸易活动。在过去30多年间，环境服务业一直在迅猛发展，20世纪90年代，私有化和环境外向型服务的扩张使环境服务业成为新一轮《服务贸易总协定》（GATS）的重要谈判内容。环境服务贸易作为服务贸易领域的一种新型的经济形态，在各国经济发展、环境保护等方面都占据着愈来愈重要的作用。

对于环境服务部门，很难有一个准确的定义，在传统意义上，环境服务通常被理解为由公共部门提供水和废物处理服务等一些基础设施的服务。然而，近几年环境服务的定义已经扩大到包括其他“非基础设施”环境服务（例如空气污染控制）和与环境相关的支持服务（例如环境咨询）等。OECD将环境服务的范围定义为环境服务在活动组中的涵盖范围以及每个这些群体中的核心和非核心活动领域。

由于各国在环境服务贸易领域的发展不平衡，对环境服务的分类也有不同。具有代表性的环境服务分类主要有：关贸总协定（GATT）乌拉圭回合谈判（Uruguay Round）中形成的服务贸易分类清单（MTN. GNS/W/120），经济合作与发展组织和欧盟统计局（OECD/EUROSTAT）关于环境服务的分类，《服务贸易总协定》（GATS）中对环境服务的分类清单，联合国中心产品分类［central product classification，CPC（2. 1）］。

服务贸易分类清单（MTN. GNS/W/120）首次将环境服务单独列出，使其成为与商业服务、通信服务、运输服务等并列的12个服务部门之一。在该文件中，环境服务贸易包括：（1）污水处理服务；（2）垃圾处理服务；（3）卫生和类似服务；（4）其他环境保护服务（废气清洁服务，噪音消除服务，自然和景观保护服务以及其他未被分类的其他环境服务）。

经济合作与发展组织和欧盟统计局（OECD/EUROSTAT）将环境服务分类为：（1）水和废水管理服务；（2）固体和危险废物管理服务；（3）空气气候环境保护服务；（4）噪声控制服务；（5）土壤、地表水、地下水的补救与清除服务；（6）生态系统和景观保护服务；（7）其他环境保护服务。

在联合国中心产品分类中，环境服务被分为：（1）污水处理服务；（2）废物收集处置服务；（3）补救服务；（4）卫生和类似服务；（5）其他环境保护服务。

二、环境服务业的特征

环境服务业作为服务业领域的一个分部门，其有三个重要特点。

（一）环境服务部门存在行业交叉性

第一个重要的特征是由于很多经济部门在发生贸易时往往都伴随着环境问题的产生，环境服务部门与其他一些经济部门存在活动重叠。例如，环境服务部门与建筑服务、建筑和相关工程服务、技术分析服务、审计和风险评估服务、研发和咨询服务等领域都存在活动重叠。因此，环境服务业的行业交叉性特征导致与环境服务业相关的机构和职业范围相当广泛和多样化。与环境服务业相关的职业范围包括环境影响评估员、环境顾问、生态顾问、景观顾问和城市规划师、环境管理顾问、环境法律顾问与生态营销顾问等。环境服务部门的活动与其他部门不同的是环境服务部门旨在将经济活动的环境成本纳入经济体系。

（二）环境服务业部门的消费具有公共物品的属性

环境服务业的第二个重要特征是，环境服务部门的消费具有公共物品的属性，即消费时具有非排他性且不具备专有性，这使基于消费者使用的定价变得相对困难。因此，在环境服务部门中，考虑公平性、通用条款（universal provision）和可负担方式是非常重要的。另外，由于其公共物品属性，政府部门在环境服务行业中扮演着极其重要的角色，政府采购及其制定的相关政策对于环境服务业的发展有着深刻的影响作用。

（三）环境服务部门的供给需要大量的投资

第三个重要特征是环境服务的供给通常需要大量的投资来确保分销网络能覆盖多数人口（例如污水系统网络）。这一特征允许自然垄断的出现，以提升需要大量资本投资的环境服务的效率（即尽可能减少每单位提供服务的成本）。

环境服务业的公共品性质再加上自然垄断的特点，意味着公共部门是环境服务的主要提供者。因此，传统意义上的环境服务一般由当地政府所提供，包括污水和垃圾处理，垃圾收集，道路、公园和湖泊清洁，饮用水的提供（发掘）。这些都是确保公众基本生活质量得以保证的至关重要的服务。由于环境服务业的公共垄断特征，使这一行业的贸易和外商投资机会在传统意义上受到限制。然而，在过去十多年中，环境服务业发生了重大变化，放宽了对许多活动的管制，私营部门的参与度也日益增加。在发达国家和发展中国家，许多环境服务活动中受到管制的私有制越来越优于公共垄断。例如，环境基础设施（固体废物管理，水处理和水利设施）部门趋向私有化。随着越来越多的企业趋向于提供一体化的服务，从设计、建设、管理甚至到基础设施的所有权等，运营和交付方式都在不断发生变化。因此，环境服务业所面临的竞争越来越大，通过商业存在和自然人流动的外国供应在未来环境服务领域可能变得越来越重要。

总体而言，由于全球环境产业的贸易定位不断扩张（特别是过去十多年）以及行业交叉性的特征，环境服务业在不久的将来将成为增长最快的服务行业之一。发展中国家正在成为环境服务业的重要市场，OECD 成员内的一些公司也在国内环境市场饱和的情况下，越来越多地向发展中国家出口环境服务，这对于我国环境服务贸易的发展是个很好的机会。

三、环境服务贸易的模式

《关税与贸易总协定》（GATT）乌拉圭回合谈判在 1994 年 4 月签订了《服务贸易总协定》（GATS），该协定的第 1 条第 2 款将服务贸易提供方式定义为四种模式。环境服务贸易中的供应模式与一般的服务贸易模式趋同。根据《服务贸易总协定》（GATS）中对服务的定义可知，其包括除政府为了履行政府职能而提供的服务外的其他任何服务。换句话说，所有以盈利为目的的商业服务活动都属于《服务贸易总协定》（GATS）中包括的内容。

服务贸易主要有四种供应模式：跨境交付、境外消费、商业存在以及自然人流动。其中商业存在和自然人流动为两种主要的供应模式。跨境交付，即进行服务贸易往来的双方来自不同的领土，例如，不同国界的贸易双方可以通过电子邮件和互联网实现环境咨询服务的来往；境外消费，也就是一国消费者在另一领土上进行消费的一种方式，例如，国外留学生在中国消费服务；商业存在，是指供应者通过设立商业存在的服务模式到其他国家提供服务，根据《服务贸易总协定》（GATS）的规则，“供应某种服务”包括生产、经销、营销、销售和交付，其是最重要的一种服务贸易模式，通常与对外直接投资联系在一起，例如，美国的废物处置厂到中国来投资办厂，在中国提供废物处置服务；自然人流动，该种供应模式常常伴随着商业存在发生，是入境的自然人以服务提供者的身份在其他成员方领土内提供服务的方式，例如，美国的注册环境认证人员到中国后，没有设立机构而直接提供企业环境认证服务。在这四种环境服务提供方式中，商业存在与自然人流动是最主要的两种服务供应模式，这可能会受限于外国的投资政策、移民政策与制度规章等。跨境交付和境外消费两种模式在环境服务贸易中不是很重要，跨境交付模式也会受到一些规章制度的影响，而境外消费一般是没有限制的。由于科学技术的发展，跨境供应在环境服务贸易领域起着越来越重要的作用。

第二节　中国环境服务贸易的发展

我国环境保护总局印发的《2000 年全国环境保护相关产业状况公报》中，我国环境服务业首次被定义为与环境相关的服务贸易活动，具体分为环境技术服务、环境咨询服务、污染治理设施运营管理服务、废旧资源回收处置服务、环境贸易与金融服务、环境功能及其他环境服务六类。为推动我国环境服务业的稳定发展，国家环保总局、国家发展和改革委员会、国家统计局不断出台相关政策计划推进我国环境保护行业的发展。在国家环保总局发布的《2011 年全国环境保护相关产业状况公报》中，对环境保护服务的调查涉及污染治理及环境保护设施运行服务、环境工程建设服务、环境咨询服务、生态修复与生态保护服务等。

一、中国环境服务贸易发展概况

在我国环境保护总局印发的《2000 年全国环境保护相关产业状况公报》中，我国环境服务业首次被定义为与环境相关的服务贸易活动，具体分为环境技术服务、环境咨询服务、污染治理设施运营管理服务、废旧资源回收处置服务、环境贸易与金融服务、环境功能及其他环境服务六类。为推动我国环境服务业的稳定发展，国家环保总局、国家发展和改革委员会、国家统计局不断出台相关政策计划推进我国环境保护行业的发展。在国家环保总局发布的《2011 年全国环境保护相关产业状况公报》中，对环境保护服务的调查涉及污染治理及环境保护设施运行服务、环境工程建设服务、环境咨询服务、生态修复与生态保护服务等。

二、中国环境服务贸易存在的问题

中国在环境服务贸易发展方面存在许多制约因素，不仅体现在自身环境服务业水平低上，还受国际市场上贸易壁垒的影响。从我国自身环境服务业发展水平来看，环境服务业的社会化程度和专业化程度很低，全方位的服务体系还没有建立起来，造成许多环境治理设施运转效率低下等问题。此外，我国的信息咨询服务规模较小，技术手段落后，咨询公司和各种中介机构的服务网络建设远远不能满足市场需求，影响了我国环境服务业的持续快速发展。

在我国自身环境服务业层面上，发展水平落后主要体现在以下几个方面。

（一）产业政策和发展机制缺失

在服务业总分类中，我国还没有环境服务业的独立分类，还没有制定出专门用于规范环境服务业发展的法律法规，涉及环境服务业的政策法规基本包含在综合环境法规及环境产业政策中，内容分散，缺乏协调，针对性不强，环境服务业发展的长效机制尚未建立。相关的环境服务业数据也相对难以获取，对环境服务业的进一步发展研究造成一定阻力。

（二）产业界定和服务理念落后

我国对于环境服务业的产业界定、相关政策还没有法定化，现行的环境服务业管理体制和运行机制与环境服务业的发展要求不匹配；虽然我国环境服务业的基本定义与国际上没有很大的差别，但是在具体分类方法上，差异性较为明显。这种差别反映出服务理念与市场需求的脱节，过分强调技术分类的完备性，而忽视了按污染要素即市场需求的综合服务能力进行分类。

（三）技术创新不足，产业基础薄弱

我国环境服务业的关键和核心技术还比较落后，设备制造、工程咨询等还不能充分满足国民经济的发展要求；行业基础薄弱，企业市场竞争能力、技术服务能力和人员素质尚待提

高，环境服务业还没有成为环保产业的核心领域。在数量规模上，我国环境服务业远低于发达国家水平。

（四）产业市场化程度低

我国加入 WTO 后，环境服务业领域面临着国外服务业机构开放的市场化压力。环境保护行业的公共物品属性，决定了环境服务业的主体如污水处理、废物收集和处置、河道和湖泊治理等服务主要由政府提供，具有自然垄断性，市场化受到了某种程度的限制。目前我国环境服务业的市场化程度相对较低，处于民营化和市场化的萌芽时期。

在国际层面上，相对于发达国家，我国环境服务业发展水平还比较落后，由于经济实力及技术等方面的制约，常常会面临发达成员方的技术性贸易壁垒。技术法规、标准和合格评定程序是环境服务业的主要技术性贸易壁垒。各成员方标准的不同可能通过减少规模经济来约束进口；而且，执法和立法的过程产生了潜在的成本，滞后和不确定性会成为贸易的程序性壁垒。

与环境服务贸易相关的技术性壁垒包括各相关部门服务产品的技术质量标准体系（ISO9000）、环保标准体系（ISO14000）、安全标准体系以及专业服务领域服务供应者的技术资格认定和互认等。一方面，进口国的环保法规及标准规范可使我国的环境货物及服务出口有章可循、有的放矢，有利于减少生产和出口中的盲目性。由于进口环境服务的层次较高，有利于我国进行环境技术的研究与创新，能有效促进我国环保行业的进步与发展。另一方面，日益严格的环保法规和环境标准使我国大多数低技术、低附加值的环境服务出口日益困难，面临出口困境。当然，除了技术性壁垒，我国环境服务业的发展还受到各国出口促进政策、技术支持政策以及相关知识产权政策的影响。

三、相关政策法规

中国目前还没有制定具有特定针对性的有关环境服务贸易的政策，但在相关的政策中有一定的体现。《对外贸易法》第四章第 22 条规定“国家促进国际服务贸易逐步发展”。从宏观层面上可以看出，中国支持贸易自由化，包括环境服务贸易自由化。另外，由于传统环境服务的公共物品属性，环境服务贸易自由化受国内相关政策影响程度很大，包括外资政策、政府采购政策、价格政策和税收相关政策等。

（一）外资政策

外资政策是与环境服务贸易自由化最直接相关的政策，直接决定了环境服务贸易对外开放的程度。中国国内政策规定对外资参与环境服务实际状况比加入 WTO 时的承诺状况更开放。例如，虽然中国在“入世”承诺中在市场准入限制方面允许外国服务提供者仅限于以合资企业形式从事环境服务，允许外资拥有多数股权。但事实上，近年来国家已允许海外公司在某些环境服务领域建立独资企业。

与环境服务贸易相关的外资政策主要体现在《外商投资产业指导目录（2015 年修订

版)》《关于加快市政公用行业市场化进程的意见》《关于推进城市污水、垃圾处理产业化发展的意见》等文件中。在《外商投资产业指导目录（2015 年修订版)》中，投资领域分为鼓励、允许、限制和禁止四大类。多项环保项目都被国家支持鼓励，设置在鼓励外商投资目录项下，在专用设备制造业目录下涉及环境保护行业的有水生生态系统的环境保护技术、设备制造、洁净煤技术产品的开发利用及设备制造（煤炭气化、液化、水煤浆、工业型煤)、水污染防治设备制造、大气污染防治设备制造、固体废物处理处置设备制造等。在废弃资源综合利用业务等目录下也涉及环境保护行业。

（二）政府采购政策

由于环境服务的公共物品属性，环境服务市场还很不成熟，政府在环境服务的需求方面仍占有很大比例。按照采购管理，政府采购合同一般把国外供应排斥在外，政府可以通过相关政策，使得污水处理、废物处置、清洁工艺技术等服务只能采用国内供应商提供的服务。因此，政府采购政策是影响环境服务贸易的重要因素。

在中国，政府垄断、专营服务仍然是环境服务的重要特征。我国于 2003 年 1 月 1 日起开始实施《中华人民共和国政府采购法》，做出了采购本国商品、工程和服务的规定。在政府采购品目中涉及环境服务的包括：工程类项目下的污水处理（B0301)、垃圾处理（B0302)。虽然中国制定了政府采购政策，但在实际利用外资建设或运营污水处理厂或垃圾处置场时，更多受到外国政府采购政策的影响。《中央预算单位 2017 ~2018 年政府集中采购目录及标准》中将政府采购货物、服务项目的公开招标数额标准由原来的 120 万元提高到 200 万元，将货物、服务项目的分散采购限额标准由原来的 50 万元提高到 100 万元，将工程项目的分散采购限额标准由原来的 60 万元提高到 120 万元，大大扩大了服务项目的采购数额。

（三）价格政策

环境服务的价格政策是保证环境服务贸易自由化的前提和必要条件。根据“谁污染，谁付费”的原则，中国已制定一系列污水和垃圾收费政策。1999 年 5 月，国家计委、建设部、国家环保总局制定的《关于加大污水处理费的征收力度，建立城市污染水排放和集中处理良性运行机制通知》规定在供水价格上加收污水处理费，建立健全对污水处理费的征收管理和污水处理厂运行情况的监督制约机制。2002 年 9 月，国家计委、建设部、国家环保总局在《关于推进城市污水、垃圾产业化发展的意见》中要求已建有污水、垃圾处理设施的城市都要立即开征污水和垃圾处理费，其他城市至 2003 年底以前开征。2015 年 6 月，环境保护部办公厅发布《关于对减排存在问题的地区和企业予以处罚的通知》，要求对一些地区和企业在总量减排工作中存在突出问题，根据有关规定予以处罚。2015 年 10 月，《中共中央、国务院关于推进价格机制改革的若干意见》发布，按照“污染付费、公平负担、补偿成本、合理盈利”原则，合理提高污水处理收费标准，城镇污水处理收费标准不应低于污水处理和污泥处理处置成本，探索建立政府向污水处理企业拨付的处理服务费用与污水处理效果挂钩的调整机制，对污水处理资源化利用实行鼓励性价格政策。

（四）税收政策

环境服务贸易的发展逐渐与环境货物贸易发展一体化，因此环境服务贸易自由化也受到国内税收减免政策的影响。为了鼓励社会资本和外资企业参与环保行业，特别是污水处理和垃圾处置，中国已制定了许多税收优惠政策，包括减免所得税、免征增值税、出口退税等政策支持环境服务业的发展。

四、中国环境服务贸易发展战略

在全球环境服务贸易总体趋于开放的大背景下，中国应该把握好环境服务贸易自由化有利影响的机遇，同时必须积极应对环境服务贸易自由化不利影响的挑战。具体体现在两个层面上：国际层面和国内层面。在国际层面上，环境服务贸易发展走在前列的发达国家正不断地推动环境服务贸易向着自由化发展，中国作为环境服务业发展较为落后的发展中国家，要在 WTO 谈判中争取主动权与话语权，积极参与谈判，维护国家利益；在国内层面上，要重视环境服务业的发展，不断创新与发展环境服务业，利用产业优势，不断研发新技术，推动环境服务贸易的发展。

（一）国内层面上

（1）明确各主体的角色定位。从政府、协会、企业和公众主体角色的角度，明确这些主体的作用。在政府层面，环境服务贸易自由化意味着不断消除服务供应的壁垒，但这并不意味着弱化政府在其中的角色或降低政府的作用。恰恰相反的是，自由化可能为了实现某种政策目标甚至会增强对合适规章的需求。因此，中国在应对环境服务贸易自由化影响的创新过程中，政府应该发挥主导作用，要全面认识政府的“有限性”，重点发挥创建市场、规范市场和服务市场的作用。在协会层面，环境服务部门是我国的幼稚产业，会因倾销或补贴造成企业经济损失，应设有相应的保障条款。这时就需要行业协会来起这个作用。在开放的市场竞争中，行业组织在保护国内产业、支持国内企业增强国际竞争力、促进出口方面有着不可替代的重要作用。未来环保协会应定位为切实为企业服务、代表企业利益的协会，是独立的中介组织或“自下而上”的自发组织，切实起到服务市场的作用。企业既是创新主要需求方也是创新主要供给方，环境服务贸易自由化会使更多的民营企业或外资企业参与到环境服务项目、环境基础设施建设与运营中，在这种情况下，企业要积极进行创新改造，改革内部管理制度，以提高效率、降低成本并最终提高企业竞争力。在各种层次主体中，公众是最不具有创新优越性的层次主体。因此，公众就要积极维护自己的权益。例如，由于外资参与污水处理厂的运营而削减人员，被削减的员工就应该获得相应的补偿。

（2）不断创新环境服务技术。环境服务技术主要包括污水处理技术、固废处置技术、废气治理技术以及噪声消除技术等。中国要不断创新和发展环境服务贸易技术。中国与发达国家在生活污水处理技术和工艺水平上相差不大，但是在污水处理厂的运行管理水平以及水质控制标准方面，中国仍然落后于发达国家。结合中国目前生活污水处理技术现状以及与发达国家的差距来看，中国生活污水处理技术有待于向三个方面发展：一是污水处理由单纯净化转变为以污水为原料的“再生水制造厂”；二是大力推广包括各种类型的絮凝沉淀技术、高效过滤技术、现代消毒技术和人工湿地等生态净化处理等三级处理工艺；三是为降低现有污水处理能耗水平，从源头上减轻后续污泥处理的负担。在噪声消除技术方面，噪声主要分为交通噪声、工业噪声、建筑噪声、社会噪声以及家庭噪声等，伴随着目前城市机动车辆数目迅速增加、地铁以及飞行器的大量使用，交通噪声已成为城市噪声的主要来源，因而治理的重点也应放在交通噪声治理领域，治理的技术和手段主要集中在声学材料、低噪声路面、隔声窗、声屏障等方面，特别是因地制宜地使用声屏障成为普遍采用的一种交通噪声控制手段。

（二）国际层面上

（1）积极参与 WTO 环境服务贸易谈判。中国作为 WTO 新成员要积极参与谈判，努力发挥作用，这将有利于我国贸易利益和外交利益的实现，有利于达到各种相关利益的最大化。同时在 WTO 谈判中，要综合考虑我国的外交总体战略、宏观的经济发展方向，对于环境服务贸易的谈判还要考虑我国的环境效益、经济（贸易）效益和社会效益，正确选用环境服务分类清单。

（2）学习借鉴发达国家先进的环保技术。目前，中国在环境保护服务贸易领域，由于技术水平还比较落后，以进口为主，而发达国家环境服务业已比较领先，各项技术都比较先进，我国在引进国外环境服务时，要积极主动地学习借鉴、吸收先进技术，发展创新我国的环境技术。

随着各国经济的发展以及全球化进程的不断加深，环境问题越来越引起各国的重视，各国逐渐将环境服务贸易的发展作为提升国际竞争力的重要途径。在 WTO 的大背景下，国际上正积极推动环境服务贸易的自由化，促进环境服务贸易的发展。但与此同时，由于环境服务业具有较强的公共物品特征，其受国内相关管理政策以及贸易水平政策的影响较大，环境服务贸易的发展也受到一定程度的制约，面对环境服务贸易发展所带来的机遇与挑战，要实施相应的发展战略来顺应贸易环境的变化与国际贸易市场的走势。环境服务贸易是中国环境服务技术发展和提升的重要途径。借助对外贸易的平台，在引进、消化、吸收发达国家先进环保技术的同时，通过融资、合资生产和自主创新等方式，加快了先进环保技术推广和本土化的进程，各项环保科技都得到了发展。

第三节　国际环境服务贸易实务

一、环境服务国际贸易显性和隐性壁垒现象

（一）环境服务国际贸易显性壁垒

一国在进行环境服务贸易往来时，往往会受到显性或隐性壁垒的影响，显性壁垒主要包

括一些技术性贸易壁垒（不合理的技术法规、标准及合格评定程序造成的贸易障碍）、知识产权壁垒等。

（1）政策限制和技术规定。阻碍环境服务贸易自由化的主要障碍不是关税，而是“法规”。各个国家的国内法规，作为规范行业活动的合理管理制度对服务贸易在一定程度上造成阻碍。环境服务国际贸易显性壁垒主要存在于各国政府对环境服务贸易的政策限制和管理规定。在环境服务产业化的情况下，为保护本国工业，限制外资竞争，或者限制高科技出口，明文规定的政策限制和管理条文就是环境服务贸易自由化的主要障碍。这种直接的歧视性障碍造成的结果就是限制了国民待遇。在某些情况下，如果一个外资企业要进入一国市场，先被要求进行经济需求测试，在经济需求测试中要求其满足一些进口国的测试指标，给市场准入制造障碍，结果是降低了贸易政策的透明度和管理的准确性。

（2）限制环境服务进出口。从环境服务的贸易方式可以看出，环境服务的贸易方式主要是以商业存在的形式提供的，那么贸易壁垒也就主要针对限制外资企业设立分支机构、参股和控股的权利，同时各国移民法中限制作为环境服务生产要素的外国因素如人员、资金、信息等的国际流动，间接地对环境服务贸易造成阻碍。还有相当一部分的环境服务是通过跨境支付的贸易方式交付到用户手中的。如果进口国不能保证给予在所交付的环境服务中所涉及的商业机密或知识产权应有的保护，出口国一般会明文限制环境技术或信息的出口。

（3）政府购买与相关规定。由于环境服务的公共物品特征，政府购买在环境服务业中依然扮演着主要角色，即使国有环境服务已经被私有化或者承包给私有企业，政府依然在大量购买这些服务。同时各国的政府规定在很大程度上也影响着环境服务业的发展，针对适用于所有工业所制定的保护环境的规定直接影响着对环境服务的需求，然后还有直接针对环境服务的规定，如城市规划对垃圾处理场所的限制等。虽然私有企业已经对环境服务市场形成一个垄断趋势，但是政府一般还要规定价格和服务质量。有的政府将环境服务的垄断权拍卖给私有企业，考虑到私有企业以低价格提供服务可能会影响到服务的质量，政府还是会对服务标准做出规定。

（4）知识产权壁垒。一些拥有先进环境保护技术的国家在实施环境服务贸易时，往往会利用知识产权壁垒来保护本国的先进技术，防止技术的外溢。一些国家在保护知识产权的名义下对含有知识产权的环保产品与技术实行进口限制或者凭借拥有知识产权优势所享有的有限垄断权实行“不公平贸易”。这对于一些环境保护技术落后的国家在环境保护技术发展上形成了很大的障碍。而中国目前环境保护行业的发展还不完善，还需要引进先进的技术，知识产权壁垒对于中国对先进技术的吸收与学习设置了阻碍。

（二）环境服务国际贸易隐性壁垒

各国为了规范行业而对国内环境服务业制定的法规制度，本身无歧视，因为规定制度不论对本国人还是外国人统统适用。但是外国环境服务商进入一国服务市场要适应这类不同于本国的行规并为此付出额外代价，导致成本增高，在市场中处于不利地位。环境服务贸易还存在着民间措施壁垒，典型的例子是瑞典的“绿色和平组织”。这个组织在太平洋上追逐被淘汰出售给发展中国家用来拆卸废铁的旧油轮，不许这些轮船靠岸。虽然是出于保护环境的目的，却妨碍了大型固体废物的过境消费环境服务。还有一种隐形壁垒是在要求外国先进技术进行环境服务时，所输出给外国的一些数据信息不仅会给本国造成经济上的损失，也会使信息流失，信息安全得不到保障，面临信息泄露与被窃取的风险。所以一些国家在进口环境服务时，考虑到信息流失这个问题，在进行环境服务贸易时就会有所顾虑。

二、中国关于环境服务贸易对外开放的具体承诺

加入世贸组织时，我国根据自身国情、发展水平、承受能力，对服务贸易做出了不同程度的市场准入承诺，有条件、有步骤地开放服务贸易领域，并进行管理和审批，服务贸易的市场开放在加入 WTO 后 1 ~6 年内逐步实施。开放的服务贸易领域包括商务服务、通信服务、建筑和相关工程服务、分销服务、教育服务、环境服务、金融服务、旅游和与旅游相关的服务、运输服务 9 个部门及其 70 多个分部门和子部门。与健康相关的服务和社会服务，娱乐、文化和体育服务（视听服务除外）以及其他未包括的服务没有作承诺。中国加入 WTO，意味着我国进入了新的开放时代，给我国对外贸易带来了重大机遇与挑战。同时，加入 WTO 也对我国环境产生了深远而巨大的历史性影响。一方面，贸易政策对环境有重大影响；另一方面，环境标准也会对贸易产生深层影响。

在 WTO 乌拉圭回合谈判中，各国对环境服务业都做出了相应的承诺，中国在“入世”谈判中，也对环境服务业的市场开放和国民待遇做出了水平较高的承诺。除了未对环境质量监测和污染源检查做出承诺外，我国在谈判中对其他 7 种环境服务次类都做出了一定程度的开放承诺。在市场准入商业存在提供模式方面，我国允许外国服务提供商以合资企业的形式从事环境服务，同时允许外资拥有多数股权。国民待遇方面除了水平承诺中内容外，几乎没有限制。这说明我国“入世”后，对环境服务贸易进一步放开国内市场，个别领域的开放程度甚至高于承诺水平，例如：有些污水管网已对外开放；一些垃圾发电厂完全由外商独资；不少跨国公司已在中国设立合资、独资企业，承接环境工程、参与市场投资融资、开展信息咨询等。在 WTO 谈判中，各国做出的环境服务贸易承诺有助于全球共同建立环境友好型生态圈。

第九章　国际建筑服务贸易理论与实务

第一节　建筑服务贸易概论

一、建筑服务的内涵与分类

建筑服务，是指各式建筑物、构筑物及其附属设施的制作、缮治、装饰，线路、管道、设备、仪器等的安装以及其他工程作业的业务活动。包括工程服务、安设服务、修理服务、装饰服务和其他建筑服务。建筑服务贸易，即与建筑产品的生产以及建筑业生产活动相关的所有服务贸易过程，是国际经济合作的一种方式。在联合国1991年出版的产品分类目录中，建筑服务被作为单一的分类提出来，具体分为：（1）咨询和设计前期服务；（2）建筑设计服务；（3）项目合同管理服务；（4）建筑设计和项目合同管理组合服务；（5）其他建筑服务。

在WTO的《服务贸易总协定》（GATS）确定的服务贸易分类清单（MTN. GNS/W/120）中，建设及相关的工程服务被单独列为一个服务部门，建设及相关的工程设计服务是指为工程实体的施工建设以及与建设相关的工程设计提供服务的经济贸易活动，相关的建筑工程服务主要由工程承包商提供。同时，在该清单中，在商业服务（business services）分部的专业服务（professional services）中也有四项建筑服务分项：建筑设计服务（architectural services，8671），工程设计服务（engineering services，8672），综合工程服务（integrated engineering services，8673），城市规划与景观设计服务（urban planning and landscape architectural services，8674）。

在联合国中心产品分类中，建筑服务被分为：（1）一般建筑服务；（2）一般土木工程服务；（3）建筑现场准备服务；（4）建筑组装和安装结构服务；（5）特殊贸易建筑服务；（6）建筑安装服务；（7）建筑完工整理服务。

二、建筑服务贸易的特点

（一）管制和控制的特殊性

一般来说，我们都知道服务贸易具有无形性和不可储存性等特点，这些特征将服务贸易与货物贸易区别开来。而建筑服务贸易作为服务贸易的一种，其显示出来的一个突出特征就表现在它的管制方面：不像货物贸易，大部分的服务贸易都不能通过海关直接进行控制，在控制服务贸易方面，服务贸易的进口国一般都不通过海关而是通过制定国内法律和法规来对服务贸易进行控制和管制。因此，与货物贸易不同的是，建筑服务贸易主要是通过国内法律法规制度来控制而不是通过关税壁垒。在建筑服务贸易方面，除了明文规定的禁止与建筑服务业有关的法律法规外，有关支付法规、限制资本、人员的自由流动等也会对建筑服务贸易构成障碍。

（二）最终成果的固定性

建筑服务业与其他行业相比较而言，其特殊性还体现在它的最终成果是一个或一系列固定在某个地点的建筑物或构筑物。由于建筑只能固定在某个地方，则其必然要受到当地气候环境等自然因素以及经济状况的影响，且建筑物一般都会要求特定的建筑材料与专业设备，这些独有的特征也说明了建筑服务业的特殊性，即建筑服务业在贸易过程中除了要受到《服务贸易总协定》（GATS）的约束外，还要适应以货物贸易为基础的《关税与贸易总协定》（GATT）（由于建筑过程需要特定的建筑材料与专业设备）。

第二节　中国建筑服务贸易的发展

一、中国建筑服务贸易发展概况

中国加入 WTO 后，建筑服务业一直以持续、快速的发展速度前进，不断扩大对外贸易，建筑服务业的贸易环境逐步完善，建筑工程的质量也一直提升，建筑产业整体素质不断提高，交易规模大幅度增长，安全保障体系逐步健全。经过多年的持续发展，我国建筑业的建造能力达到了新的水平，我国相继构建了工程招投标制度、工程建设监管制度、工程建设从业资格管理制度等建设管理和产业管理制度，建筑市场从无到有，逐步发展和完善。

建筑业是我国国民经济中的一个重要和独立的产业，在 2014 年的《中国统计年鉴》对外经济贸易项目下，服务业进出口分类被整理出来，其中包含建筑服务贸易的进出口贸易额。从统计数据中可以看出，近几年我国建筑服务贸易占服务贸易的比重逐年上升，2015 年，建筑服务贸易进出口总额达 264 亿美元，较 2014 年同期增长 30%，2015 年建筑服务贸易占服务贸易比重为 3.7%，与 2014 年相比较，比重增加 0.3%，具体趋势如图 9－1 所示。

从客观上来说，建筑业会受到建设项目业主的牵制，建筑市场是由建设项目业主主导的市场，在多数情况下，建筑业都不能独立或主动地拉动社会经济的增长，建筑业的持续稳步发展更多地取决于投资需求的长期稳定增长，取决于全社会固定资产投资的规模和增长速度。在 2015 年，全社会固定资产投资 562 000 亿元，比 2014 年增长 9.8%，且由图 9－2 中 2005～2015 年固定资产投资与增长速度趋势可以明显看出，这十年我国全社会固定资产投资呈明显的上升趋势，虽然 2011～2015 年增长速度有所减缓，但投资额还是呈上升趋势。

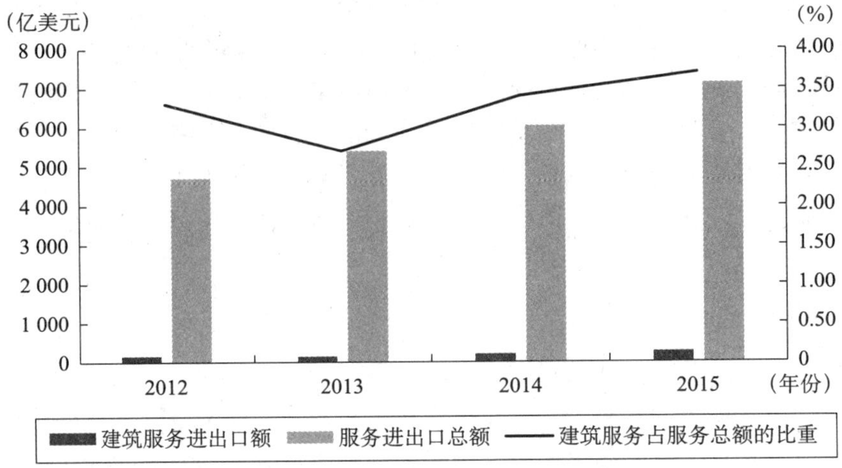

图 9-1　2012～2015 年建筑服务业对外贸易情况

资料来源：历年《中国统计年鉴》。

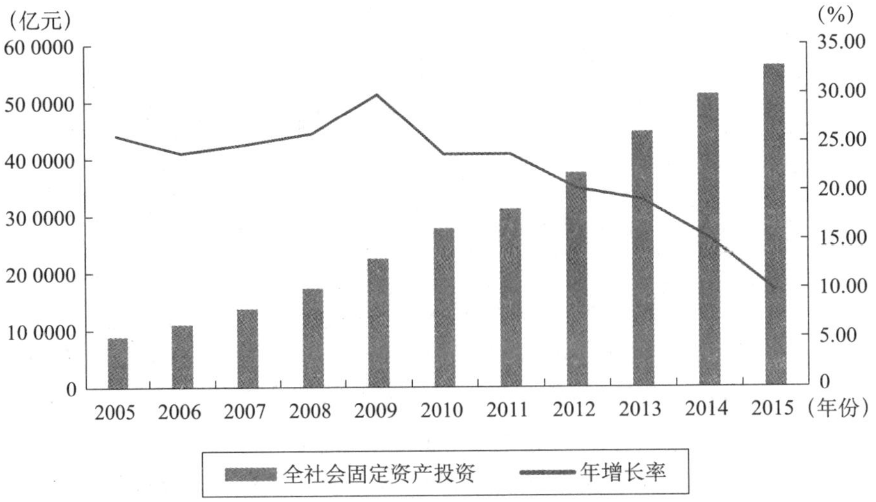

图 9-2　2005～2015 年全社会固定资产投资与增长速度

资料来源：历年《中国统计年鉴》。

在全社会固定资产投资逐步稳定增长的带动下，我国建筑业完成了总产值和增加值的持续增长。根据相关统计数据可知，全国建筑业企业房屋的建筑施工面积不断扩大，建筑业企业的总收入也不断提高，建筑业从业人数不断增长，建筑业在国民经济中的支柱产业作用更加明显，建筑市场是一个充分的竞争市场。根据《中国统计年鉴》中的相关数据可知，2015 年我国建筑企业技术装备率为 11 116 元/人，全国建筑业总产值达到 180.76 千亿元，说明经过多年的发展，我国建筑业建造能力达到了新的水平，技术装备都有所提高，而且未来有很大的发展前景。

二、中国建筑服务贸易中存在的问题

中国在建筑服务贸易发展方面存在许多制约因素，不仅体现在自身建筑业发展水平低，而且受国际市场上贸易壁垒的影响。自改革开放以来，我国建筑业获得了相当大的进步，建筑业的整体实力得到增强，但是，我国建筑业的总体发展水平和发展环境与国际先进水平相比还是存在一定的差距。

（一）国内层面上

在工程技术方面，我国的建筑工业化、科技化水平较低，还没有实现现代化、专业化大生产的建筑方式；对技术含量高、源自高科技的施工技术或工艺掌握较少，对新材料的开发应用方面更是与发达国家之间存在不小的差距。长期以来，我国建筑业的技术装备和设备装备水平都没有实质性的提高，仍然是一个以劳动密集型、资源消耗型、粗放式生产和经营方式为主的行业；信息和通信技术的应用水平和层次较低，不但远远落后于国外先进水平，也落后于国内其他行业。在发展环境方面，部门分割、地方保护的现象依然存在，难以形成公开、统一的建筑市场，各方主体的不规范行为，使建筑市场出现过度竞争的态势，又引发了产业内的不良竞争和恶性竞争。虽然我国建筑立法取得了一定的进步，但法制建设仍不完善，在工程建设领域和建筑业产业内，有法不依、违法不究、执法不严的问题还相当严重。此外，我国目前还尚未真正建立起适应市场经济的建筑市场运行机制，工程咨询服务体系薄弱，中介组织专业化程度低，严重影响了建筑产业的市场化水平。产业规划和产业政策缺失是目前我国建筑产业的现状。建筑产业进步缺乏政策支持，发展步履艰难。改革开放之后，建筑业被列入到第二产业的范畴，但与工业的诸多门类相比较，建筑业基本上得不到全面的产业政策支持。某些管理措施上下脱节，不利于建筑业的健康稳定发展。产业规模扩张范围超出常规，其所掩盖的问题得不到全面解决。踏入 21 世纪以来，建筑业高速发展，总产值也翻番增长，表面看起来这个行业的发展势头非常好，实则不然。一方面，不可忽视建筑业的市场秩序问题。另一方面，建筑企业税收负担过于沉重，资本难以积累。在建筑业中，税收的增长幅度持续高于建筑业所带来增加值的增长幅度，这种持续多年的过高税收增长幅度非常不利于建筑业的可持续发展。

同时，财政部和国家税务总局于 2011 年 11 月 16 日正式下发《关于印发〈营业税改征增值税试点方案〉的通知》，其中表明“营改增”是国家税制改革的一项重大举措，这一重大举措将对建筑企业造成不小影响。如果税率制定不合理，建筑企业的税负不但不会减轻，反而有较大幅度的提升，这也就意味着建筑企业的发展可能会面临着一次巨大的挑战。

（二）国际层面上

在国际贸易层面上，建筑服务贸易会遇到贸易壁垒问题。市场准入的“技术性壁垒”是 WTO 减让表所列出的承诺之外的限制和要求，如贸易进口国会在个人资料、企业资质、技术标准等方面对建筑服务贸易提出严格要求以限制相关建筑产业的贸易往来。它是 WTO

减让表所列出的条件之外的合理的市场准入限制和要求，技术性壁垒在符合 WTO 规则的前提下，合理地保护了各国的建筑业；但也由于许多国家在建筑业都设有“技术性壁垒”，会给我国建筑业的对外贸易形成一定的阻碍。很多国家在企业设立、工商注册、设计人员、经营者、技术管理人员、劳务人员、企业资本金、工程业绩、设备、工程质量标准等方面都有相关限制和要求，所以我国在进行建筑服务贸易时，要谨慎对待各国的技术性壁垒，根据各国的不同限制与要求做出不同调整并制定出不同的应对措施。

三、中国建筑服务贸易发展战略

（一）以 WTO 规则为依据，完善建筑服务贸易法律制度

WTO 成员方在从事建筑服务贸易时必须遵守 WTO 相关协议中与建筑服务贸易有关的规则条例。作为 WTO 的正式成员方，在完善我国建筑服务贸易法律制度的基础上，我国必须遵守 WTO 规则并合理利用 WTO 相关规则。WTO 规则是各成员方共同追求利益平衡的结果，故规则中一些内容条款相对抽象，这就使这些条款在实际执行中具有很大的弹性利用空间。所以，我国要善于利用 WTO 规则的弹性空间，合理地运用 GATS 最惠国待遇、透明度和发展中国家优惠待遇等基本原则，并善于运用例外和保障措施条款。利用边境贸易的特点在国际招标投标时将一些 WTO 成员方列入优惠的短名单中，使其享有的特别优惠待遇不被推广到所有成员方。利用透明度原则及时掌握世界各国的投资法律法规、产业政策及技术政策的同时根据透明度原则中的“机密资料例外”条款来制定相应的保护性政策。以《政府采购协议》（GPA）引导我国政府工程采购制度的建立。

（二）“限进”——限制建筑服务贸易进口，保护国内建筑市场

我国建筑业总体发展水平和发展环境与国际先进水平相比仍然存在一定差距，因此，在建筑服务贸易领域，我国要适当限制建筑服务贸易的进口，保护国内建筑市场，借鉴发达国家经验，建立完善的建筑市场准入制度和技术性壁垒，构筑合理、巧妙、隐蔽的市场门槛与技术屏障，这无疑是进行建筑服务贸易保护最为稳妥、有效的手段。当然，这里所说的限制进口并不是采取绝对性的限制手段，我国要在借鉴发达国家经验的基础上采取适当的限制进口措施对本国建筑业进行保护，不断完善建筑市场准入制度。学习各成员方建筑市场准入壁垒设置的经验，逐步构建建筑技术法律法规与技术标准体系，形成“政府有效控制，社会广泛参与”的新型建筑技术管理机制，在我国建筑市场构筑起以技术法规、技术标准和合格评定程序为标准的技术性壁垒。

（三）“保出”——促进建筑服务贸易出口，开拓国际建筑市场

“入世”以来，我国建筑业“走出去”取得了骄人业绩，对外承包工程行业已经具备了相当的规模，在国际市场的竞争中站稳了脚跟，取得了一席之地。然而，与国际工程承包巨头们相比，我国对外承包工程行业中仍然存在一系列不容忽视的问题。针对我国企业综合服

务能力不足、资金短缺等问题，就我国建筑业进一步开拓国际市场，本节提出一些建议：(1) 积极顺应国际发展趋势，根据国际潮流不断调整我国建筑业对外贸易的结构体系，有效把握“一带一路”倡议所带来的海外市场的开放机遇，将发展眼光投入“一带一路”倡议基础设施优先领域中去；(2) 充分吸收国外领先的技术水平并在此基础上展开新的研发。

（四）建立三层次的工程建设总分包体系

工程总承包是国际工程中最常见的承发包方式，而且该种方式能够比专业施工承包和劳务承包取得更大的经济效益。我国建筑业想要“走出去”，提高我国对外承包的经济效益，就必须提高我国企业的工程总承包能力。通过市场准入手段，按照社会化大生产和市场经济的要求，建立“项目施工总承包、专业分包、劳务分包”三个层次的工程建设总分包体系，既能提高我国大型企业工程总承包的能力，又能充分发挥我国对外承包工程业在劳动力资源方面的优势。在建立工程建设总分包体系时，通过控股、合并、收购和强强联合加强大型企业集团；通过管理层与作业层分离，逐步把施工总承包企业改造为管理密集型公司，不断优化施工总承包企业。

（五）完善对外承包工程业务的金融支持体系，不断提高企业的融资能力

政府要在保险、信用担保、出口信贷等方面实行鼓励性政策，建立完善的金融支持体系，从而提高我国对外承包工程企业的融资能力，适应国际承包工程市场带资承包项目所占比重越来越大的发展趋势。

（六）有效把握“一带一路”倡议所带来的发展机遇

“一带一路”倡议给我国建筑企业提供了大量海外市场投入的机会，为我国的建筑业对外承包工程开创了新的市场。“一带一路”倡议所倡导的“政策沟通、设施联通、贸易畅通、资金融通、民心相通”都为我国对外承包工程企业带来更多机遇。政策沟通和民心相通有利于相关建筑业政策体系的建成与完善，有利于营造良好的双边和多边政策环境，更好地促进工程合作；设施联通对于工程新项目的建成有直接的促进作用，基础设施互联互通作为“一带一路”倡议的建设优先领域给基础建设提供了大量的投资机会；贸易畅通能有效解决投资贸易便利化问题并消除投资和贸易壁垒；资金融通能解决对外承包工程资金短缺的问题，为工程项目的实施提供资金支持。

第三节　国际建筑服务贸易实务

国际建筑服务贸易是指国际间围绕建筑产品的生产以及与建筑业生产活动相关的所有服务过程，是国际经济合作的一种方式。国际建筑服务贸易的业务形式通常以承包国际工程项目为主。所谓国际工程项目，是指工程项目的参与者来自一个或多个国家，按照国际通用的管理模式进行管理的国际性建筑项目。从我国的角度出发，国际工程项目既包括我国工程承

包公司在海外参与的建筑工程，也包括大量国内涉外的建筑工程，如利用一些国际金融组织（如世界银行等）贷款建设的工程项目。

一、国际工程承包的含义及其业务范围

国际工程承包，是指与一国企业跨国承接、建造和经营工程项目相关的经济活动，是国际商品交换、跨国资本输出和输入的必然产物。它是一国企业向他国（或跨国）输出技术、货物、设备、劳务以及资本的一个重要载体，是国际经济技术合作主要方式之一。

国际工程承包除具有通常意义的工程承包的一般特性外，还具有自身的独特特征：(1) 国际工程合同主体的国际性，工程合同的签约双方属于不同国别或地区；(2) 货币和支付方式的多样性，在国际工程承包中，除了美元等硬通货币外，可能还需要使用本国货币或者第三国外币来采购工程所需的材料和设备；(3) 受到国际政治、经济影响因素的影响较大；(4) 规范标准庞大复杂。

国际建筑服务贸易的业务范围相当广泛，几乎覆盖国民经济所有的部门，涉及社会生产和社会生活的各个领域。国际工程项目既可以按工业项目、农业项目、商业或服务项目进行分类，又可以按“劳动密集型”项目、“资金技术密集型”项目进行分类。如公路、桥梁、民用住宅等，就属“劳动密集型”项目，承建时需大量的劳务；而核电站、海底隧道、光纤通信、航天、航空、电子仪器、海水淡化、综合性的石化等项目，则属于“资金技术密集型”项目。

工程承包公司和人员所从事的国际工程业务通常可以分为两个主要领域：一是国际工程咨询；二是国际工程承包。在国际工程市场上，工程咨询公司和工程承包公司可以从事的业务范围并没有严格的划分，一些有实力的咨询公司所涉猎的往往不是单纯的设计咨询任务，许多承包公司都向着提供全面服务的方向发展，承揽着“设计—施工”的一条龙服务。近年来，国际工程咨询与国际工程承包已表现出相互渗透、相互竞争的态势。

二、国际建筑服务贸易实务的主要方式

按照一个项目实施时所需要的服务内容来进行归纳，国际建筑服务贸易可以分为国际工程咨询服务以及国际工程承包服务两种主要方式。而根据项目生命周期的各个阶段的特点，国际工程咨询服务和国际工程承包服务又分为不同的具体内容。

（一）国际工程咨询服务

工程咨询是指受到客户的委托，在规定的时间内，运用科学技术、经济管理、法律等多方面的知识，为经济建设和工程项目的决策、实施与管理提供智力服务。其具有业务弹性大、一次性、涉猎范围广等特点。一般的工程咨询是提供高度智能化服务，涉及多学科的知识、技术、经验、方法和信息的集成及创新，咨询成果是非物质产品，具有预测性和前瞻性，能够经得起历史和时间的检验。

我国的工程咨询业为经济社会的发展和工程项目的决策与实施提供了全过程、全方位的服务，其在经济建设中的作用主要表现在：（1）为项目投资决策把关，不断改进建设方案，减少和避免决策的失误，提高投资效益；（2）为制定国家发展规划、研究宏观调控当参谋，促进国民经济又快又好地发展；（3）为各式工程进行勘察设计，满足投资建设的各方面需要；（4）为科学管理工程项目当帮手，保证工程的进度、效益和质量；（5）带动国际工程建设，促进外贸发展和国际合作。

（二）国际工程承包服务

国际工程承包（international contracting for construction）是一项综合性的商务活动和国际经济交往活动，属于一种通过国际间的招标、投标、议标或其他协商方式完成贸易往来的形式。国际承包商（公司）以提供自己的技术、资本、劳务、管理、设备材料、许可权等方式，根据国外工程业主（发包人）的要求，为其建设工程项目或从事其他有关的经济活动，并按事先约定的合同条件收取费用的国际经济技术合作方式。国际工程承包的业务范围涉猎广泛，主要包含工程设计、技术转让、机械设备的供应与安装、原材料和能源的供应、施工、资金、验收、人员培训、技术指导、经营管理等。国际工程承包是一种典型的国际服务贸易，其具有项目内容复杂广泛、工程周期长、风险大、对项目的水平要求比较高等特点。

国际工程承包本身又有三种承包方式：单独承包、总承包和联合承包。单独承包是指承包公司从外国业主那里单独承包某项工程。在这种承包方式下，承包公司对整个工程项目负有全权的责任，包括工程建设所需的原材料、设备、劳动力以及临时设施等。在工程竣工后，经业主验收合格后才结束整个承包活动。总承包是指一家承包公司总承揽某一项工程，并对整个工程负有全部的责任。与单独承包所不同的是总承包商可以将工程的一部分分包给其他承包商，该分承包商只对总承包公司负责，而不与业主直接联系。总承包是国际工程承包上普遍采用的一种方式。联合承包是指几家承包公司根据各自特有优势，联合承包外国的一项工程。各自负责所承包的一部分建设任务，并根据各自的承包任务独立向业主负责。

三、招标与投标

在国际承包工程项目中，通常都是通过招标方式来选择承包商的，招标是市场经济中一种最普遍和最常见的择优竞争方式。招标和投标是一种贸易方式的两个方面。招标（invitation to tender or call for tender）是指买方按事先发出的通知或公布的交易条件，公开邀请卖方发盘的行为。投标（sub-mission of tender）是指由卖方根据招标条件应邀发盘的行为。

从法律角度来说，招标是合同当事人使合同成立的一种重要方式，是合同当事人通过要约和承诺使合同得以成立的一个过程，其中，业主发出招标通知是一种要约邀请，承包商投标则构成要约，业主发出中标通知书，接受承包商投标，构成合同法上的承诺。按照一般法律原则，要约和承诺的成立则构成当事人之间合同的成立。招标投标制是国际上一种流行的采购方式，由招标人和投标人经过邀请、回应、择优选定，最终形成协议和合同关系的平等主体之间的经济活动过程，是“法人”之间约定的有偿的、具有约束力的法律行为。招标投标制的推行，给我国工程承发包方式带来了新的潮流，也对我国经济秩序和投资效益产生深刻影响。

（一）招标的特点

招标与一般的交易方式相比，主要有以下三个特征：（1）招标是由参加投标的企业根据招标人事先提出的条件，一次性递价要求招标人发盘的一种贸易方式，双方无须进行反复磋商；（2）招标是一种竞卖的贸易方式；（3）招标是在指定的时间和指定的地点进行的，并事先规定了一些具体的条件，因此，投标必须根据其规定的条件进行，如果不符合其条件，则难以中标。

（二）招标的分类

目前，国际上常用的招标方式主要包括国际竞争性招标、谈判招标和两段招标。

国际竞争性招标（international competitive bidding，ICB）是指招标人邀请几个甚至几十个投标人参加投标，通过多数投标人的竞争，选择其中对招标人最有利的投标达成交易。通常又分为公开招标和选择性招标两种做法。公开招标（open bidding）是指招标活动在公开监督之下进行，通常要公开发布招标通告，凡是愿意参加投标的公司，都可以按通告中的地址来领取（或购买）较为详细的介绍资料和资格预审表格，而参加了预审资格并经审查合格的公司便可以购买招标文件并参加投标。选择性招标（selected bidding）又称邀请招标，招标人根据自己具体的业务关系和情报资料对客商进行邀请，通过资格预审后，再由他们进行投标。

谈判招标（negotiated bidding）又叫议标，由招标人挑选几家客商直接进行合同谈判，谈判成功，交易即达成。它并不属于严格意义上的招标方式，也不同于直接发包，议标招标人需要事先编制出招标文件或者拟订出相关文件按照一定的程序完成交易。

两段招标（two-stage bidding），按照其字面意思理解就是分两段来进行招标。其将无限竞争招标和有限竞争招标方式综合起来，先用公开招标吸引广泛投资者并对其进行资格预审，再用选择性招标从中物色出几家突出的投标者，进行详细的报价、开标与评标。

（三）招标的业务做法

（1）招标阶段。国际招标分为公开招标、选择性招标、秘密招标和两段招标等几种形式，但大部分货物采购和工程项目的兴建都采用公开招标方式。秘密招标或谈判招标仅限于修建保密工程或技术要求高、专业性很强的项目以及向个别投标人进行招标。

招标阶段的主要程序是：①公开招标方式要求招标人先在报纸、刊物或采取其他传播形式公布招标通告，邀请投标人参加投标。招标通告要具体说明招标的项目、要求、条件和投标须知等。国际金融组织贷款项目采购招标的通知一般要求在指定的刊物刊登。②在招标人发出通告后相继有投标人提出投标意向，集中所有投标人的投标申请书。③招标人对参加投标的企业、公司进行资格预审。主要审查投标人的历史背景、经营范围、已经兴建的项目、以往供货质量和客户反馈、资金和信誉等情况。④经审查合格后，招标人向取得投标资格者寄送相应的标单。标单的主要内容有招标要求、合同格式、合同条款、货物说明和技术要求等。⑤凡是接受标单准备投标的投标人必须要向招标人交纳投标保证金或者通过银行向招标人出具保函，保证一旦中标则必定签约。

（2）投标阶段。在投标阶段，投标人详细阅读和研究标单的全部内容和各项具体要求，在此基础上提出自己争取中标的各项条件，包括供货价格、交货期限、货物品质规格和各项技术要求等。按照招标单的要求填写投标单，在规定期限内寄交给招标人，逾期无效。

（3）开标签约阶段。开标分为公开开标和秘密开标：①公开开标。由招标人和公证人按照指定的时间和地点，当众拆开所有密封投标单，并宣布其内容。凡是参加投标者都可派代表监视开标。②秘密开标。由招标人自行选定中标人。开标之后，经过相关评标人员评定，决定中标者。在评定过程中，招标人如果认为所有的投标者都未达到要求而未选定中标者时，则可以宣布招标失败，拒绝全部投标，并且可以重新发布招标通告。如果选定中标者，则由招标人与中标者签订供货合同，中标者同时需要向招标人缴纳履约保证金或出具银行履约保证函。在评标中未中标者所缴纳投标保证金则应该全部退还，银行出具的保证函的责任也即告终止。

第十章　中国服务业发展：广东案例[①]

促进服务业快速发展，是广东实现经济结构战略性调整以及产业结构优化升级的战略重点。加快产业结构调整与优化进程，大力推进服务业发展是推动广东经济转型与实现“腾笼换鸟”战略的重要策略选择。

第一节　广东服务业发展的现状特征

一、服务业生产总值呈现逐年增长态势

图 10－1 直观反映广东服务业生产总值在改革开放以来的增长趋势。

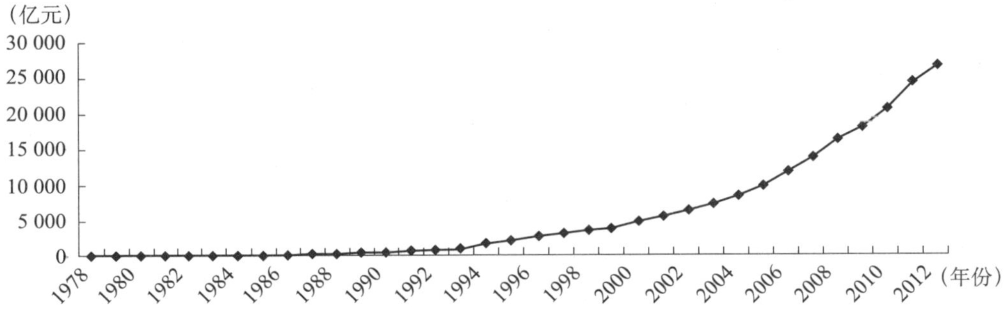

图 10－1　1978～2012 年广东服务业生产总值

由图 10－1 可以看出，广东服务业生产总值在 1978～2012 年间呈现上升趋势。1978 年广东服务业生产总值仅为 43. 92 亿元；1984 年广东服务业生产总值为 125. 93 亿元，突破百亿元大关；1993 年广东服务业生产总值为 1 205. 7 亿元，突破千亿元大关；2006 年广东服务业生产总值为 11 585. 82 亿元，突破万亿元大关；2012 年广东服务业生产总值已经达到 26 519. 69 亿元。2012 年广东服务业生产总值是 1978 年的 603. 82 倍，在 1978～2012 年间，广东服务业生产总值的年均增长率达到 20. 72%，显示了广东服务业自改革开放以来快速增长的势头。

广东服务业生产总值的发展轨迹大体上可以划分为三个阶段。第一阶段是 1978～1992 年，广东服务业发展总体上处于起步阶段，服务业发展水平总体还比较低，这主要是因为这

① 除特别标注外，本章相关数据均来自历年《广东统计年鉴》。

段时期是改革开放初始阶段，市场经济体制尚不健全，服务业仍在摸索中前进，但是由于这个阶段广东服务业生产总值基数较小，这一时期广东服务业生产总值的年均增长率达到15.55%。第二阶段是1993～2002年，广东服务业进入了稳定发展的上升通道之中，这主要得益于邓小平1992年南方谈话进一步确定了中国经济体制改革的目标是建立社会主义市场经济，以及中央政府出台了《关于加快发展第三产业的决定》等一系列政策利好，提升了企业家投资经营服务业的信心，促进了广东服务业的发展。第三阶段是2003～2012年，广东服务业进入了前所未有的快速发展时期，服务业生产总值连创新高，中国加入世界贸易组织以及2006年CEPA的实施是这段时期广东服务业实现跨越式发展的主要诱因。

二、服务业生产总值所占比重逐渐赶超第二产业

改革开放以来，广东三次产业结构处于不断调整之中，产业结构不断优化，经济结构日趋合理，服务业占地区生产总值的比重平稳上升。图10－2直观地反映了广东三次产业结构变动的趋势。

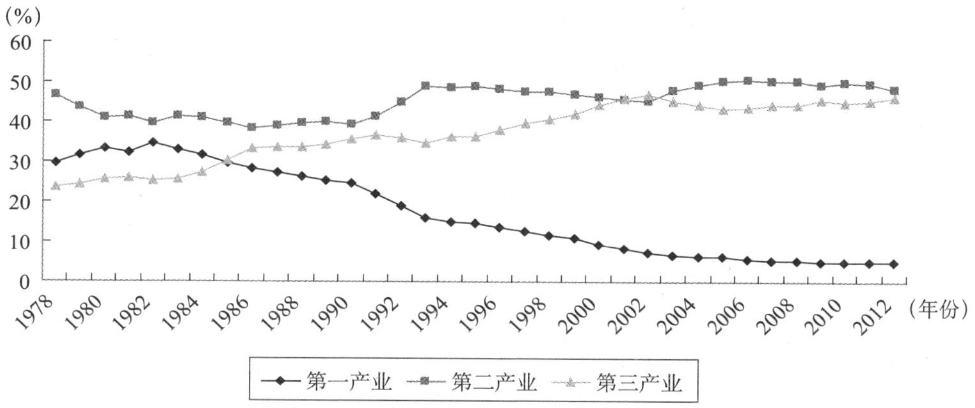

图10－2　1978～2012年广东三次产业占地区生产总值比重

由图10－2可以发现，1978～1984年间，广东第三产业（服务业）发展仍然处于较低水平，第三产业占地区生产总值的比重低于第一、第二产业，广东呈现“二一三”型产业结构，这是与改革开放初期重工重农的经济发展背景相关的。1985年以后，广东第三产业获得了更大的发展动力，第三产业占地区生产总值的比重也超过了第一产业，广东开始呈现“二三一”型的产业结构，显示出广东产业结构逐渐优化的趋势。此后，广东第一产业所占比重逐年下降，第二产业所占比重保持平稳略有增长态势，第三产业所占比重则逐年上升。2001年，广东第三产业所占比重首次超过第二产业，广东首次呈现出发达国家的“三二一”型产业结构。遗憾的是，广东这种“三二一”型产业结构并没有显示出强大的发展后劲，只是仅仅维持了两年。从2003年开始，广东第二产业所占比重重新反超第三产业所占比重，广东恢复到之前“二三一”型产业结构。从图10－2中可以看出，近年来广东第三产业所占比重再次逐渐逼近第二产业。广东第三产业生产总值所占比重长期落于第二产业之下，对于这种现象的成因，张捷、张媛媛（2011）认为主要归咎于广东长期以来奉行的出口导向

型经济发展模式，这种发展模式虽然有利于加快工业化发展，但却无益于广东从工业经济向服务经济的转型升级。

三、服务业内部各细分服务行业发展参差不齐

由于从2005年开始，《广东统计年鉴》才开始采用新的行业分类标准对各细分服务行业的生产总值进行统计。因此，在分析过程中分为1978～2004年以及2005～2012年两个阶段，其中，1978～2004年采用旧的服务业行业分类标准，2005～2012年采用新的服务业行业分类标准。分别计算这两个时期广东各细分服务行业生产总值占服务业地区生产总值比重，得到结果如表10－1和表10－2所示。

表10－1　　广东各服务行业生产总值占服务业地区生产总值比重（1978～2004年）　　单位：%

年份	地质勘查水利管理业	交通运输仓储邮电通信业	批发和零售贸易餐饮业	金融保险业	房地产业	社会服务业	卫生、体育社会福利事业	教育、文化艺术和广播电影电视业	科学研究综合技术服务业	国家机关、政党机关和社会团体
1978	0.80	22.88	44.15	10.31	3.23	3.73	3.12	4.03	0.75	6.65
1979	0.82	22.05	46.06	9.28	3.17	3.54	3.15	4.03	0.74	6.74
1980	0.81	21.39	46.04	9.51	3.32	3.63	3.23	4.10	0.83	6.75
1981	0.86	22.07	44.34	8.93	3.68	3.76	3.45	4.58	0.88	7.03
1982	0.89	21.23	44.07	9.24	3.92	3.81	3.58	4.71	0.95	7.14
1983	0.98	20.44	43.49	9.39	4.29	4.02	3.70	5.09	1.00	7.11
1984	0.96	20.39	43.21	9.34	4.04	4.01	3.84	5.80	1.03	6.89
1985	0.95	20.44	45.45	7.25	3.51	3.57	3.60	7.20	0.95	6.57
1986	0.97	18.00	40.21	9.33	5.24	6.16	4.56	6.40	0.98	7.64
1987	0.97	18.72	36.65	12.05	5.78	8.28	3.93	5.74	0.96	6.37
1988	1.10	16.78	37.53	12.04	5.88	9.36	3.37	5.98	1.16	6.26
1989	1.25	16.62	28.74	15.29	8.70	10.09	3.31	6.54	1.31	7.55
1990	1.37	18.19	27.37	14.76	7.67	11.85	3.23	6.07	1.27	7.43
1991	1.27	19.94	26.74	13.65	7.79	12.67	2.94	5.56	1.14	7.55
1992	1.07	19.77	26.84	13.93	9.27	12.01	2.73	5.39	1.16	7.13
1993	1.11	19.34	28.24	12.38	10.47	11.66	2.86	5.32	1.10	6.86
1994	0.97	20.13	29.07	11.94	10.22	11.19	2.82	5.39	1.08	6.57
1995	0.88	19.97	29.87	10.57	10.64	12.05	2.71	5.43	1.05	6.29

续表

年份	地质勘查水利管理业	交通运输仓储邮电通信业	批发和零售贸易餐饮业	金融保险业	房地产业	社会服务业	卫生、体育社会福利事业	教育、文化艺术和广播电影电视业	科学研究综合技术服务业	国家机关、政党机关和社会团体
1996	0.79	19.52	30.81	10.22	10.95	11.72	2.70	5.61	1.03	6.16
1997	0.73	20.78	30.55	9.80	11.08	11.80	2.54	5.54	1.03	5.68
1998	0.66	20.35	30.94	8.83	12.10	11.63	2.57	5.66	1.09	5.70
1999	0.60	19.75	30.26	8.53	13.03	12.01	2.64	5.86	1.15	5.72
2000	0.49	19.74	28.84	9.33	13.17	13.00	2.66	5.71	1.28	5.39
2001	0.46	20.10	27.85	8.13	12.56	14.90	2.99	5.55	1.41	5.67
2002	0.44	19.01	27.76	7.17	12.74	15.98	3.10	5.97	1.55	5.92
2003	0.42	17.60	27.99	7.44	13.31	15.24	3.30	6.29	1.59	6.49
2004	0.42	16.97	27.76	7.21	13.20	15.74	3.39	6.51	1.77	6.68

资料来源：根据历年《广东统计年鉴》数据整理计算。

由表10－1可以看出，1978～2004年间，在广东各服务行业生产总值占服务业地区生产总值比重中占比最高的服务行业是批发和零售贸易餐饮业，虽然其比重由1978年的44.15%下降到2004年的27.76%，但仍然是2004年中服务行业占比最高的服务行业。在1978～2004年间，批发和零售贸易餐饮业生产总值占服务业生产总值的年平均比重达到了34.48%，显示了在这段时期里批发和零售贸易餐饮业在广东服务业整体发展中的绝对优势地位。排在第二位的是交通运输仓储邮电通信业，虽然其比重也呈现出一定的下降趋势，由1978年的22.88%下降到2004年的16.97%，但是在大多数年份其比重都稳定地维持在20%左右，其平均比重达到19.71%。这两个劳动密集型服务行业比重之和在1978～2004年大多数年份占据了半壁江山，其中两者之和比重最大的年份（1979年）更是达到了68.11%，充分显示了在1978～2004年间，广东服务业以劳动密集型服务业为主体的产值结构。诚然，广东服务业的这种产值结构的形成是与广东在全球生产网络中的分工地位密切相关的，是广东越来越深入地介入国际分工体系的直接结果。在其他行业方面，金融保险业所占比重曾在1987～1996年十年间上升到10%以上，但从1997年开始，其比重开始有所下降，维持在8%左右的状态。房地产业和社会服务业所占比重在1978～2004年间基本保持稳步上升态势，分别由1978年的3.23%和3.73%上升到2004年的13.2%和15.74%。教育、文化艺术和广播电影电视业所占比重基本维持在5%左右，同样维持稳定的还有国家机关、政党机关和社会团体，其比重一直在5%～8%之间小幅波动。地质勘查水利管理业以及科学研究综合技术服务业这两个服务行业所占比重较低，大多数年份都在1.5%以下。

表 10-2　广东各服务行业生产总值占服务业生产总值比重（2005~2012 年）　单位:%

行业	2005 年	2006 年	2007 年	2008 年	2009 年	2010 年	2011 年	2012 年
交通运输、仓储和邮政业	10.14	9.61	8.91	8.50	8.84	8.81	8.67	8.93
信息传输、计算机服务和软件业	7.04	6.99	6.58	—	7.15	6.63	6.24	6.10
批发和零售业	22.74	21.94	19.93	20.26	21.64	22.44	23.58	23.88
住宿和餐饮业	5.33	5.30	5.09	—	5.24	5.19	4.95	4.93
金融业	6.89	8.05	12.77	12.97	12.65	12.84	12.10	11.96
房地产业	14.90	15.40	15.21	13.54	13.69	13.59	13.78	13.74
租赁和商务服务业	7.91	7.66	6.78	—	7.30	7.55	8.02	8.04
科学研究、技术服务和地质勘查业	2.14	1.92	1.83	—	2.30	2.34	2.27	2.25
水利、环境和公共设施管理业	1.23	1.23	1.24	—	0.94	0.94	0.95	0.93
居民服务和其他服务业	3.53	3.39	3.27	—	3.74	3.52	3.55	3.38
教育	5.40	4.97	4.78	—	5.20	5.13	5.09	5.21
卫生、社会保障和社会福利业	2.99	2.69	2.38	—	3.16	3.09	3.13	3.22
文化、体育和娱乐业	1.52	1.47	1.40	—	1.29	1.36	1.36	1.24
公共管理和社会组织	6.47	6.01	5.38	—	6.86	6.58	6.31	6.17

资料来源：根据历年《广东统计年鉴》数据整理计算。

由表 10-2 可以看出，2005~2012 年间，在广东各服务行业生产总值占服务业地区生产总值比重中，占比最高的服务行业是批发和零售业，八年间其比重稳定维持在 20% 左右，考虑到批发和零售业基本属于服务业旧分类标准中批发和零售贸易餐饮业的一个子集，因此，批发和零售业在所有服务行业中所占比重最高也就不难理解。房地产业取代了交通运输、仓储和邮政业，排在了第二的位置，2005~2012 年间其年平均比重达到 14.23%。如果结合房地产业在 1978~2004 年的表现，我们可以发现房地产业比重在 1978~2012 年间基本都维持上升趋势，这充分展现了广东房地产业的“热度”。劳动密集型的交通运输、仓储和邮政业比重由 2005 年的 10.14% 下降到 2012 年的 8.93%。资本和知识密集型的金融业比重由 2005 年 6.89% 上升到 2012 年 11.96%，如果结合金融（保险）业在 1978~2004 年的表现，我们可以发现，广东金融业在 1997 年亚洲金融危机爆发后经历了一段低潮，其比重有所下降，从 2007 年开始，金融业发展开始强势反弹，此后比重一直维持在 12% 左右。公共管理和社会组织比重大体维持在 6%，如果对比公共管理和社会组织比重（即旧分类标准中的国家机关、政党机关和社会团体）在 1978~2004 年的表现，我们可以发现，该行业自改革开放以来一直保持着非常稳定的发展趋势，并没有出现大起大落的状况，展现了广东在公共管理和社会组织建设中的连贯性、一致性和稳定性。其他服务行业所占比重在 2005~2012 年间基本保持稳定，信息传输、计算机服务和软件业比重在 6.5%~7% 上下小幅浮动，住宿和餐饮业比重维持在 5% 左右并在 2009~2012 年显现下降趋势，租赁和商务服务业比重在 7.5% 上下小幅浮动并于 2011 年开始升至 8% 以上，居民服务和其他服务业比重维持在

3.5%左右，教育业比重在5%上下小幅波动，卫生、社会保障和社会福利业比重在3%上下波动。科学研究、技术服务和地质勘查业，水利、环境和公共设施管理业，文化、体育和娱乐业三个服务行业所占比重较小，每年都在2.5%以下，其中，所占比重最小的是水利、环境和公共设施管理业，其年平均比重仅有1.07%。

四、服务业吸纳就业人数稳步上升

改革开放以来，随着广东服务业的逐渐发展，服务业就业人数逐步上升，服务业日渐成为广东吸纳劳动力就业的主力军，改革开放以来服务业就业人数变化趋势如图10－3所示。

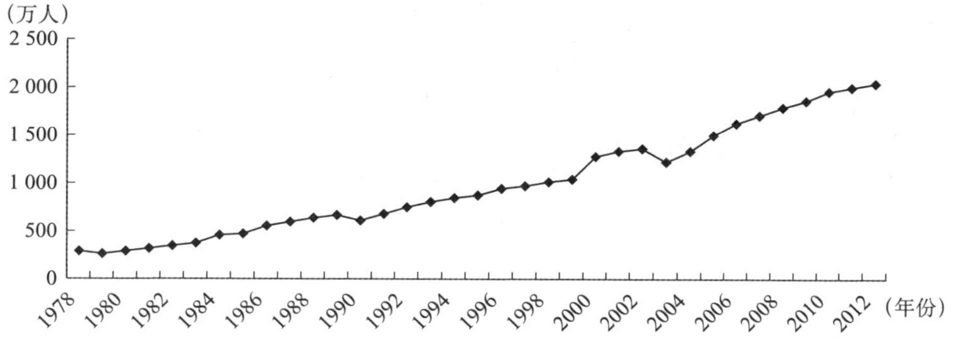

图10－3 1978～2012年广东服务业就业人数

由图10－3可以看出，1978～2012年间，广东服务业就业人数上升趋势明显。1978年，广东服务业就业人数仅为286万人；1998年，广东服务业就业人数突破千万人大关，达到1 014.58万人；2012年，广东服务业就业人数达到历史新高的2 037.88万人，这一数字是1978年的7.13倍。1978～2012年间，广东服务业就业人数年均增长率达到5.95%。从图10－3可以看出，除了2003年“非典”疫情的影响使得广东服务业就业人数出现较为明显的下降以外（2003年，广东服务业就业人数由2002年的1 358.53万人下降到1 221.05万人），其余年份广东服务业就业人数大体保持递增趋势，显示出广东服务业吸纳就业人员数量稳定增长的势头。特别是自2005年以来，广东服务业就业人数连年创造历史新高。

五、服务业就业人数所占比重长期落于第二产业之下

三次产业就业人数比重的变动反映一个地区就业结构的变动，同时也从一个侧面反映该地区三次产业所处的地位，改革开放以来广东三次产业就业人数比重的变化趋势如图10－4所示。

从图10－4可以发现，改革开放以来，广东服务业就业人数所占比重大体呈现逐渐上升的趋势，由1978年的12.57%上升到2012年的34.16%，这一方面显示广东服务业在这三十多年获得较快发展，另一方面也显示出服务业在吸收劳动力就业方面的巨大容量。同样，

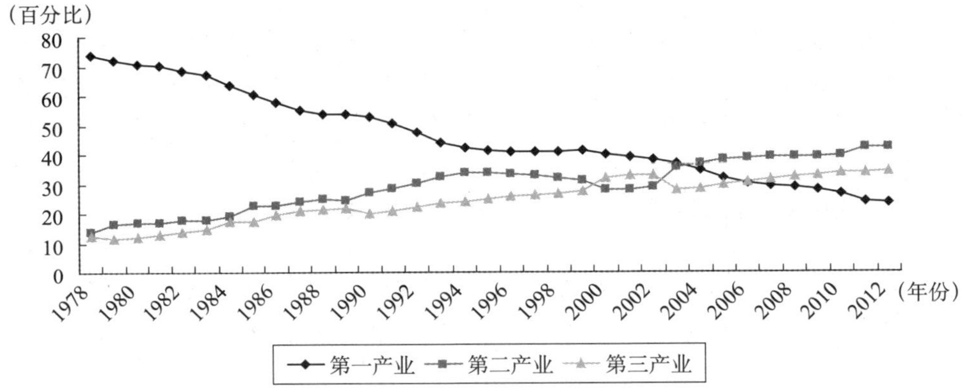

图 10－4　1978～2012 年广东三次产业就业人数所占比重

广东第二产业就业人数的比重也处于上升趋势，比重由 1978 年的 13.75% 上升到 2012 年的 42.07%。相反，广东第一产业就业人数比重则呈现显著下降态势，由 1978 年的 73.68% 下降到 2012 年的 23.77%，反映出广东劳动力不断从劳动生产率较低的农业向劳动生产率较高的第二产业和服务业转移的趋势，广东就业结构逐渐趋于合理。值得一提的是，广东服务业就业人员比重曾在 2000～2002 年间超过第二产业，但好景不长，从 2003 年开始，第二产业就业人数比重再次超越服务业，并一直维持至今。2006 年以来，广东服务业就业人数比重超过第一产业就业人数比重，广东开始呈现“二三一”型就业结构，并一直维持至今。同时，从图 10－4 中也可以看出，近年来广东服务业就业人数比重显示出比第二产业就业人数比重更为陡峭的曲线增长趋势，表明今后广东服务业相较于第二产业具有更大的就业潜力。

六、服务业内部各细分服务行业就业集中于劳动密集型服务行业

由表 10－3 可以看出，1993～2002 年间，在广东各服务行业从业人数占服务业从业人员总数的比重中占比最高的服务行业是批发和零售贸易、餐饮业，虽然其比重由 1993 年的 37.95% 下降到 2002 年的 34.24%，但是在其余的大多数年份里，其比重一度处于上升态势，1999 年，其比重达到峰值 40.07% 后开始下降。1993～2002 年间，批发和零售贸易、餐饮业的年平均比重达到 37.66%，远远大于其他服务行业所占比重。排在第二位的是交通运输、仓储及邮电通信业，其比重呈现出先上升后下降的趋势，比重最高的年份出现在 1994 年，达到 16.30%，此后开始下降，2002 年已经降到 10.48%。教育、文化艺术和广播电影电视业从业人数所占比重排在第三位，表 10－3 显示其比重一直保持在比较稳定的状态，十年期间其年平均比重为 11.37%。上述三个服务行业从业人数所占比重之和占了服务业从业人员总数的 2/3 左右，是 1993～2002 年间广东各服务行业中从业人员集中度最高的服务行业。值得关注的是，社会服务业所占比重有较大幅度的提高，由 1993 年的 6.86% 上升到 2002 年的 9.86%，表明其在创造就业岗位，吸收劳动力就业方面发挥着越来越大的作用。相反，国家机关、政党机关和社会团体所占比重十年间由 9.71% 下降到 4.93%，反映出广东各级政府以及社会组织在精简机构、提高效率方面所做的努力。其余服务行业所占比重在

这期间都波动不大，卫生、体育和社会福利业比重在3.70%～4.61%之间波动，房地产业比重由1.28%上升到2.83%。科学研究和综合技术服务业以及地质勘查业、水利管理业这两个服务行业从业人数所占比重最低，大多数年份都处在1%以下。

表10－3　广东各服务行业从业人员年末人数比重（1993～2002年）　单位:%

年份	地质勘查业、水利管理业	交通运输、仓储及邮电通信业	批发和零售贸易、餐饮业	金融、保险业	房地产业	社会服务业	卫生、体育和社会福利业	教育、文化艺术和广播电影电视业	科学研究和综合技术服务业	国家机关、政党机关和社会团体
1993	0.82	15.71	37.95	2.79	1.28	6.86	4.51	11.92	1.03	9.71
1994	0.60	16.30	38.44	2.99	1.07	7.04	4.54	12.22	1.19	8.61
1995	0.55	15.89	39.02	3.13	1.05	7.22	4.40	12.32	1.00	8.58
1996	0.56	15.17	38.54	3.19	1.11	7.23	4.61	12.51	0.94	8.48
1997	0.53	14.64	39.38	3.25	1.13	7.15	4.48	12.23	0.92	8.03
1998	0.49	13.98	39.70	3.33	1.22	7.41	4.49	11.94	0.88	7.97
1999	0.47	13.51	40.07	3.31	1.23	7.73	4.53	11.87	0.86	7.92
2000	0.35	10.98	35.13	2.60	1.22	9.13	3.82	9.79	0.71	6.41
2001	0.32	10.72	34.13	2.44	1.29	9.67	3.70	9.44	0.68	6.00
2002	0.30	10.48	34.24	2.44	2.83	9.86	3.77	9.42	0.70	4.93

资料来源：根据历年《广东统计年鉴》以及《数说广东六十年（1949－2009）》数据整理计算。

由表10－4可以看出，2003～2012年间，在广东各服务行业从业人数占服务业从业人员总数的比重中占比最高的服务行业是批发和零售业，十年间其每年的比重都在37%左右，在其余服务行业中占据绝对优势地位，批发和零售业属于服务业旧分类标准中批发和零售贸易餐饮业的一个子集，批发和零售业在所有服务行业中所占比重最高也承接了批发和零售贸易餐饮在1993～2002年间第一的排名。住宿和餐饮业、居民服务和其他服务业排名第二、第三位，虽然这两个行业2010～2012年比重有所下滑，但是绝大多数年份都保持在10%以上的水平。交通运输、仓储和邮政业也是吸纳劳动力较多的一个行业，2003～2012年间，其从业人数年平均比重为7.8%。金融业从业人数的比重在2%左右波动，2011年后占比升至接近3%，结合其在1993～2002年的表现，可以发现金融业从业人数比重在相当长的一段时间内都能够保持大体稳定，没有出现大幅度波动。房地产业比重由2003年的2.18%上升到2012年的3.62%，结合房地产业从业人数比重在1993～2002年间同样处于上升趋势，可以清晰地看出房地产业这二十年成为求职队伍就业的新动向，显然，这与广东近年来的房地产投资热潮、房地产业利润可观等因素是息息相关的。公共管理和社会组织从业人数比重维持在6%左右，对比其之前（即在1993～2002年的国家机关、政党机关和社会团体）的下降趋势，可以发现广东各级政府和社会组织似乎已经找出能够实现效率最大化的合理劳动力需求数量，其从业人数的比重也大体稳定下来。教育业从业人数所占比重由2003年的

8.30%下降到2012年的6.79%；相反，租赁和商务服务业比重由2.90%上升到4.47%，展现了加入世界贸易组织后广东商务活动的欣欣向荣。其他行业比重基本保持稳定，信息传输、计算机服务和软件业比重在2.4%~3.1%之间，卫生、社会保障和社会福利业比重在3%左右，科学研究技术服务和地质勘查业，水利、环境和公共设施管理业以及文化、体育和娱乐业三个服务行业从业人数所占的比重最低，其比重都只在1%~3%之间。

表10-4　　广东各服务行业从业人员年末人数比重（2003~2012年）　　单位：%

行业	2003年	2004年	2005年	2006年	2007年	2008年	2009年	2010年	2011年	2012年
交通运输、仓储和邮政业	8.84	8.51	7.86	7.58	7.26	6.87	7.48	7.61	8.09	7.88
信息传输、计算机服务和软件业	2.42	2.56	2.45	2.64	2.75	2.83	2.88	2.86	2.89	3.05
批发和零售业	34.31	36.86	37.56	37.36	36.71	38.19	37.81	37.63	39.46	38.77
住宿和餐饮业	13.47	10.78	11.13	11.07	11.02	10.73	10.94	10.83	10.63	10.86
金融业	2.38	2.23	1.99	1.88	1.96	2.13	2.18	2.30	2.81	2.83
房地产业	2.18	2.66	2.96	3.09	3.76	3.56	3.43	3.24	3.55	3.62
租赁和商务服务业	2.90	3.67	4.08	4.46	4.64	4.94	5.00	5.59	4.42	4.47
科学研究、技术服务和地质勘查业	1.04	1.15	1.09	1.09	1.46	1.92	1.89	2.18	1.56	1.64
水利、环境和公共设施管理业	1.25	1.04	1.03	0.99	1.08	1.06	1.02	0.93	1.02	1.08
居民服务和其他服务业	12.88	11.71	12.01	12.66	12.51	10.57	10.54	10.39	8.33	8.25
教育	8.30	8.08	7.56	7.12	6.93	6.93	6.97	6.75	6.79	6.79
卫生、社会保障和社会福利业	3.10	3.07	2.94	2.86	2.80	2.83	2.84	2.92	3.00	3.12
文化、体育和娱乐业	1.01	1.09	1.14	1.20	1.25	1.49	1.21	1.15	1.19	1.21
公共管理和社会组织	5.93	6.60	6.19	5.99	5.87	5.94	5.80	5.61	6.24	6.23

资料来源：根据历年《广东统计年鉴》以及《数说广东六十年（1949~2009）》数据整理计算。

综合表10-3和表10-4，广东服务业从业人员主要集中在批发和零售业，住宿和餐饮业以及交通运输、仓储及邮电通信业等劳动密集型服务行业，表明广东劳动密集型服务行业是广东服务业吸纳劳动力的主力军；而金融业以及科学研究、技术服务和地质勘查业等知识、资本和技术密集型服务行业从业人员的比重有待提高。广东这种以劳动密集型服务行业为主体的就业结构与广东在全球生产网络价值链分工中所处的地位是密切相关的，同时，也体现了广东的比较优势。

第二节　广东服务业发展存在的问题

改革开放以来，虽然广东服务业发展取得了瞩目的成就，但是在发展过程中仍存在以下问题。

一、以劳动密集型服务业为主体的服务业产值结构不利于广东经济结构调整与服务业转型升级

广东各服务行业生产总值占服务业地区生产总值比重存在行业间显著差别，广东服务业的产值结构呈现出以劳动密集型服务业为主体的形态特征。1978～2004年，在广东各服务行业生产总值占服务业地区生产总值比重中占比最高的服务行业是批发和零售贸易餐饮业、交通运输仓储邮电通信业，这两个劳动密集型服务行业比重之和在1978～2004年大多数年份占据了半壁江山；2005～2012年，在广东各服务行业生产总值占服务业地区生产总值比重中占比最高的服务行业是批发和零售业，房地产业，金融业以及交通运输、仓储和邮政业。广东这种以劳动密集型服务业为主体的产值结构形态的形成，与广东在全球生产网络中的分工地位密切相关，也是中国加入世界贸易组织以后广东越来越深入介入国际分工体系的直接结果。众所周知，广东具有丰富而廉价的劳动力资源、具有发展劳动密集型产业的比较优势，被誉为“世界工厂”。在开放经济中，跨国劳动密集型服务企业将自身拥有的资金、技术以及经营管理方面的所有权优势与广东拥有的劳动力资源丰富这一区位优势相结合，能够迸发出效益可观的竞争优势，从而打败其他同类企业，赢取市场份额。正是由于广东具有劳动力资源丰富的禀赋条件，从而使广东具有发展劳动密集型产业的比较优势，这种比较优势使得广东长期处于国际分工价值链的加工与制造环节，造就了广东以劳动密集型服务业为主体的产值结构形态的形成。广东这种以劳动密集型服务业为主体的服务业产值结构，虽然有利于创造就业，却非常不利于广东经济结构调整与服务业转型升级，长此以往，广东有落入服务业结构低级化以及中等收入陷阱之虞。值得欣慰的是，自2005年以来，随着广东服务业对外开放力度的加大和开放范围的扩展，一批新兴服务行业获得快速发展，最为明显的是广东金融业的产值比重获得了大幅度的上升，一定程度上体现了广东服务业内部由传统劳动密集型服务行业向资本技术密集型服务行业升级的良好态势。

二、广东服务业就业结构不平衡

广东各服务行业就业人数占服务业就业人员总数的比重存在行业间显著差别，服务业就业人员行业集中度较高，服务业就业结构同样呈现出劳动密集型服务行业占主体的形态特征。1993～2002年，在广东各服务行业就业人数占服务业就业人员总数比重中占比最高的三个服务行业依次是批发和零售贸易餐饮业，交通运输、仓储及邮电通信业，教育、文化艺术和广播电影电视业，这三个服务行业就业人数所占比重之和占了服务业就业人员总数的2/3左右；2003～2012年，在广东各服务行业就业人数占服务业就业人员总数比重中占比最高的三个服务行业依次是批发和零售业、住宿和餐饮业、居民服务和其他服务业。广东这种以劳动密集型服务行业为主体的服务业就业结构形态的形成，一方面，是由劳动密集型服务行业自身特征决定的，劳动密集型服务行业本身的资本有机构成较低，单位产出所需要的劳动力数量较大，劳动力是企业生产经营过程中最主要的投入，因此，劳动密集型服务行业能

够创造大量的就业岗位，吸纳大量就业人员；另一方面，以劳动密集型服务行业为主体的服务业就业结构形态的形成也与广东服务业以劳动密集型服务行业为主体的产值结构以及广东人力资源状况有关。

三、生产性服务业中现代服务业发展较为滞后，不利于广东生产性服务业中间服务功能的发挥

批发和零售业，交通运输、仓储和邮政业等传统服务行业占据广东生产性服务业产值的很大部分；而金融业，科学研究、技术服务和地质勘查业，信息传输、计算机服务和软件业，租赁和商务服务业等现代服务行业在广东生产性服务业产值中所占比重仍有待提高。数据表明，发达国家生产性服务业产值主要由现代服务业构成，2002 年 13 个 OECD 经济体生产性服务业构成中，房地产、租赁和其他商务活动所占比重最高，平均达 30.82%，而美国的这一比重更高达 40.3%。由此可见，广东与发达国家相比还存在一定的差距。现代制造业这个概念中最重要的就是里面包含了大量的服务内容（吴敬琏，2006），广东现代生产性服务业发展的滞后，直接制约其作为中间产品投入的质量与效率。例如，信息传输、计算机服务和软件业的滞后直接制约广东电子及通信制造业的发展，而科学研究、技术服务业的落后则成为广东精密制造业发展的瓶颈。因此，促进现代生产性服务业的发展是广东顺利实现经济跨越式发展与产业结构转型升级的关键。

四、服务业从业人员素质较低，缺乏高层次的能适应现代服务业发展要求的高级服务业人才

服务作为一种无形产品，其产品质量直接取决于服务产品的提供者。特别是金融业、信息传输，计算机服务和软件业，科学研究、技术服务业等现代服务业，对从业人员的综合素质要求很高，而这正是广东服务业发展过程中所缺乏的。目前，广东服务业从业人员素质普遍不高，服务业从业人员只能从事一些缺乏技术含量的简单业务并就业于传统劳动密集型服务行业中，这也是广东以劳动密集型服务业为主体的就业形态形成的重要原因。

第三节 广东服务业发展政策建议

自改革开放以来，广东服务业获得平稳快速发展。1978 ~ 2012 年，广东服务业生产总值的年均增长率达到 20.72%，显示了广东服务业自改革开放以来快速增长的势头；服务业生产总值所占比重呈现平稳上升趋势，反映广东处于服务业结构不断优化升级、经济结构趋向合理的健康发展轨道中。随着广东服务业的逐渐发展，服务业就业人数逐步上升，1978 ~ 2012 年，广东服务业就业人数年均增长率达到 5.95%，服务业日渐成为广东吸纳劳动力就业的主力军；广东服务业就业人数所占比重逐渐上升，显示出服务业在吸收劳动力就业方面

的巨大潜力以及巨大容量。

针对广东服务业发展过程中存在的问题，提出以下四点政策建议。

第一，协调好劳动密集型服务业与资本技术密集型服务业的关系。劳动密集型服务业在发展过程中需要大量的劳动力，在提供就业岗位、促进劳动就业方面发挥积极作用；资本技术密集型服务业具有较高的全要素生产率，对从业者的人力资本要求较高，是广东实现产业转型升级的重要力量。产业结构的优化离不开人力资源的推动，政府应该秉持利用劳动密集型服务业促进广东就业，利用资本技术密集型服务业推进广东产业转型升级的服务业发展理念形成，促进服务业内部的协调发展。

第二，大力推进生产性服务业，特别是适应信息化大生产的现代生产性服务业的发展。生产性服务业作为国民经济生产的中间投入，对国民经济的健康与高效运行具有举足轻重的作用，现代生产性服务业更是对广东经济结构调整与产业结构升级起着不可估量的催化作用。加快生产性服务业（特别是现代生产性服务业）的发展，理应成为各界的共识。政府需要加大对相关产业的鼓励与扶持，为生产性服务业发展提供宽松的政策环境，在有条件的地区建设生产性服务业产业园区，有效促进生产性服务业聚集以及规模效应的发挥，形成广东生产性服务业与现代制造业联动发展、互相支撑的格局。

第三，大力推进广东职业技能教育，提高服务产品质量。服务业作为一项直接与顾客打交道的行业，其服务产品的质量与价格主要取决于服务提供者的素质与技能。在当前广东服务业从业人数素质仍然有待提高的环境下，政府应该大力推进职业技能教育，构建覆盖各层次服务业从业人员的职业培训体系，让职业培训成为就业者劳动过程中常态化的项目，不断提高服务业从业人员的人力资本水平和综合素质；努力提升劳动者生产效率，培养大批能够适应现代服务业发展要求、熟悉现代服务业生产方式的熟练劳动力；同时，实施高级人才培养行动计划，广泛引进高层次创新人才，建立健全创新人才的激励机制，为广东现代服务业的发展奠定人才根基。

第四，在服务业发展布局与规划上，各级政府应该积极配合省委省政府的“双转移”战略，珠三角地区将资本技术密集型服务业作为服务业发展重点，东西两翼、粤北山区将劳动密集型服务业作为服务业发展重心，以合理的规划和布局实现广东服务业的跨越式发展。

第十一章 中国服务业对外开放：广东案例[①]

第一节 广东服务业利用外商直接投资现状特征

一、广东服务业利用外商直接投资具有明显的阶段性发展特征

1986 年广东服务业实际利用外商直接投资额仅为 1.35 亿美元，占广东当年实际利用外商直接投资 20.96%；1993 年服务业吸收外商直接投资突破 10 亿美元大关，达到 18.31 亿美元；2013 年广东服务业实际利用外商投资额达到 112.56 亿美元，这一数字是 1986 年的 83.38 倍；1986 ~ 2013 年，广东服务业实际利用外商直接投资的年均增长率为 17.8%。广东服务业实际利用外商直接投资状况如图 11 – 1 所示。

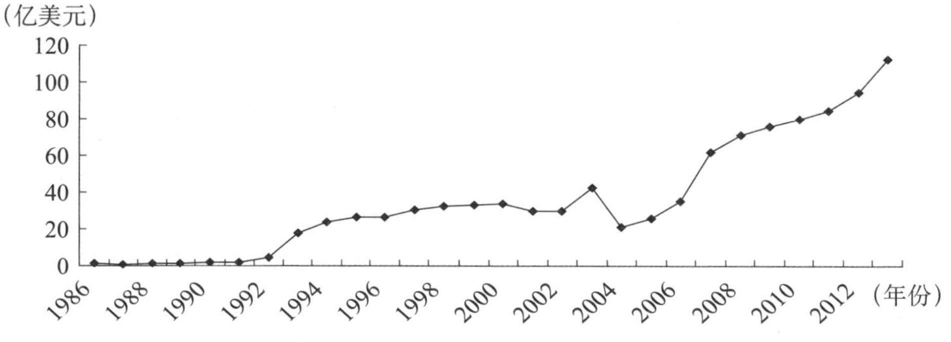

图 11 – 1 1986 ~ 2013 年广东服务业实际利用外商直接投资额

由图 11 – 1 可以看出，1986 年以来广东服务业实际利用外资大体可以分为四个阶段：第一阶段是起步阶段（1986 ~ 1992 年），这一阶段正值改革开放初期，市场机制改革尚未全面铺开，服务业开放力度有限，基础设施条件比较落后，服务业跨国公司对广东服务业的投资还处于观望态度，不敢贸然大举进入。这一阶段广东服务业每年实际利用 FDI 都在 5 亿美

① 除特别标注外，本章相关数据均来自历年《广东统计年鉴》。

元之下。第二阶段是平稳增长阶段（1993～2000年），1992年邓小平视察南方以及党的十四大的召开，确定了中国经济体制改革的目标是建立社会主义市场经济体制，给国外服务业投资商注入强心剂，极大增强了他们的投资信心，这一阶段广东服务业利用FDI年均增长速度达到9%左右。第三阶段为跌宕起伏阶段（2001～2005年），21世纪伊始几年，受世界主要经济体经济增长乏力、“9·11”恐怖袭击、美国相继发动阿富汗战争和伊拉克战争、中国加入世贸组织、中国申奥成功、国内爆发“非典”等国际经济和政治因素的影响，广东服务业利用外资也进入一个较为波动的阶段。第四阶段为快速增长阶段（2006年以来），随着中国对“入世”各项承诺的履行、入世保护期的结束以及CEPA的实施，广东服务业利用外商直接投资额在这一阶段屡创新高，服务业FDI进入前所未有的快速增长时期。

二、广东服务业利用外商直接投资比重稳步上升

三次产业实际利用外商直接投资的比重反映了外商直接投资的产业流向，广东三次产业实际利用外商直接投资比重的时序图可以很好地展现外商直接投资在广东三次产业分布的情况（如图11－2所示）。

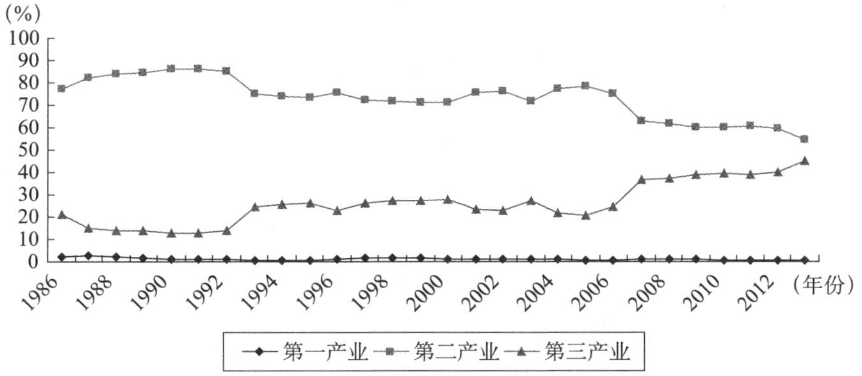

图11－2　1986～2013年广东三次产业实际利用外商直接投资比重

由图11－2可以看出，1986～2013年，广东服务业实际利用外商直接投资占实际利用外商直接投资总额的比重总体上呈现稳步上升趋势。1986～1992年，广东服务业实际利用外商直接投资的年平均比重仅为14.67%。1993年，广东服务业利用外商直接投资比重开始出现第一次跃升，当年比重达到24.42%。此后每年服务业利用FDI的比重都维持在20%以上。自2007年开始，广东服务业利用外商直接投资比重开始了第二次跃升，当年比重达到36.39%，此后逐年上升。2012年，广东服务业利用FDI的比重首次突破40%，2013年广东服务业利用外资比重比2012年增加5个百分点，达到历史新高的45.11%。与之相对应的是，广东第二产业利用外商直接投资的比重呈现逐渐下降的趋势，由1986年的77.02%下降到2013年的54.28%。广东服务业利用外商直接投资比重与第二产业利用外商直接投资比重的差距在不断缩小，服务业成为今后广东吸引外资的结构主体。广东第一产业利用外商直接投资比重则长期在1%左右徘徊，1986～2013年平均比重为1.19%。

三、广东服务业外商直接投资行业流向集中

由表11－1可以看出，1986～2003年，广东各服务行业中吸收外商直接投资最多的服务行业是房地产业，这与广东房地产业开放较早，外资流入门槛低有关。可以看出，房地产业利用FDI比重最高的年份出现在1992年（85.20%），此后其比重开始下降，2003年比重降为36.34%，1986～2003年，房地产业的年平均比重达到58.20%。比重排在第二、第三位的是交通运输、仓储及邮电通信业以及批发和零售贸易、餐饮业这两个劳动密集型服务行业，这同样与这两个行业对外开放较早有关。值得注意的是，进入1997年后，社会服务业成为颇受外商直接投资关注的服务行业，其比重一直呈现上升趋势，2001年更是达到23.30%。其余服务业行业由于对外开放时间较晚，在1986～2003年利用外商直接投资的比重较低。

表11－1　广东各服务行业实际利用外商直接投资比重（1986～2003年）　单位:%

年份	地质勘查业、水利管理业	交通运输、仓储及邮电通信业	批发和零售贸易、餐饮业	金融、保险业	房地产业	社会服务业	卫生、体育和社会福利业	教育、文化艺术和广播电影电视业	科学研究和综合技术服务业	国家机关、政党机关和社会团体
1986	—	14.10	16.40	—	67.36	—	0.12	0.11	1.18	—
1987	—	10.87	10.04	—	64.39	—	0.18	0.45	1.69	—
1988	—	21.23	7.82	—	61.96	—	1.36	0.26	0.16	—
1989	—	16.74	10.78	—	65.03	—	0.40	0.95	—	—
1990	—	9.97	22.03	—	49.28	—	—	1.05	—	—
1991	—	14.52	7.49	—	72.67	—	0.15	0.18	0.33	—
1992	—	5.23	3.54	—	85.20	—	0.14	0.35	0.01	—
1993	—	11.59	8.14	—	73.31	—	0.43	0.27	0.05	—
1994	—	10.71	14.26	0.76	65.31	—	1.10	1.39	0.21	—
1995	—	17.20	10.86	0.57	60.85	—	5.91	1.54	0.17	—
1996	—	9.42	13.97	0.26	67.78	—	3.20	1.93	0.41	—
1997	—	26.73	6.46	—	32.68	12.62	3.51	1.73	0.01	—
1998	0.01	20.55	6.55	0.33	46.00	14.38	1.01	0.69	0.17	—
1999	—	19.15	8.47	—	48.51	12.99	4.24	0.36	1.04	—
2000	0.08	7.91	7.12	0.46	59.95	15.19	2.32	0.31	0.39	—

续表

年份	地质勘查业、水利管理业	交通运输、仓储及邮电通信业	批发和零售贸易、餐饮业	金融、保险业	房地产业	社会服务业	卫生、体育和社会福利业	教育、文化艺术和广播电影电视业	科学研究和综合技术服务业	国家机关、政党机关和社会团体
2001	0.003	11.35	8.39	—	44.24	23.30	1.98	0.04	0.33	—
2002	—	15.75	6.38	0.74	46.72	20.59	1.16	0.12	1.01	—
2003	1.20	13.85	10.37	2.14	36.34	19.93	0.39	0.06	0.88	—

资料来源：作者根据《广东省贸易外经统计资料（1979～1997）》、《广东统计年鉴》（1999～2004年）以及《数说广东六十年（1949～2009）》相关数据整理计算。其中，1986～1997年各服务行业实际利用外商直接投资数据来源于《广东省贸易外经统计资料（1979～1997）》；1998～2003年各服务行业实际利用外商直接投资数据来源于《广东统计年鉴》（1999～2004）；第三产业实际利用外商直接投资数据来源于《数说广东六十年（1949～2009）》；1986～1997年金融、保险业数据为金融业数据，—符号表示数据缺失。

由表11－2可以看出，2004～2013年，广东服务业外商直接投资行业流向集中，在这期间吸收外商直接投资最多的行业依旧是房地产业。房地产业吸收外商直接投资的比重在2004～2007年间保持上升趋势，特别是2007年，其比重达到了历史新高的56.36%，2008年的全球金融危机爆发使得房地产业吸收外商直接投资的比重有所下降，2013年房地产业利用外商直接投资比重为29.96%，2004～2013年，房地产业实际利用外商直接投资的年平均比重达到37.91%，远远大于其他服务行业利用外商直接投资的比重。外商直接投资大量涌入房地产业，一方面推动了广东房地产业的繁荣，另一方面也大大助推了广东房价的飙升，不利于保持房价的稳定。批发和零售业以及租赁和商务服务业吸收外商直接投资的比重排在第二、第三位，它们的年平均比重分别达到17.62%和14.98%，不同的是，租赁和商务服务业的比重具有下降趋势，由2004年的23.07%下降到2013年的17.1%；而批发和零售业的比重处于上升趋势，由2004年的3.31%飚升到2013年的24.23%，上升趋势非常明显，反映出批发和零售业正成为服务业外商直接投资的新动向。交通运输、仓储和邮政业利用外商直接投资的比重也较高，但是2007年后开始下降到10%以下。上述四个服务行业是外商直接投资流入最多的行业，其比重之和每年都在70%以上，比重之和最高出现在2010年，达到84.74%高位，深刻反映出广东服务业外商直接投资行业流向集中度高的局面。在其余服务行业方面，信息传输、计算机服务和软件业比重呈现先下降后上升再下降的波浪形轨迹，其十年的年平均占比为4.93%；住宿和餐饮业比重下降较为明显，2013年下降到仅有1.68%，其原因是该行业市场准入条件较低，存在大量中小企业，市场竞争较为激烈，利润也较为微薄，国外投资者逐渐减少对该行业的直接投资，转向其他利润丰厚的行业；金融业利用外商直接投资的比重一直较低，其原因主要是因为广东对金融业开放较晚，设置了严格的外资市场准入条件，另外也是由于广东缺乏FDI发展现代金融业所需要的高素质人才，但是值得注意的是，金融业FDI占比在2013年出现爆发性上涨，达到惊人的8.69%，大大超出2012年的2.3%，表明跨国金融机构在未来几年大举进入广东的趋势；科学研究、技术服务和地质勘查业比重大体维持在5%左右；居民服务和其他服务业利用外商直接投资比重呈现“U 型”变化，一度由 2004 年的 3.28% 下降到 2010 年的 0.4%，2013 年回升至 1.65%；水利、环境和公共设施管理业、教育业、卫生、社会保障和社会福利业、文化、体育和娱乐业、公共管理和社会组织等服务行业利用外商直接投资的占比一直很低，这与这些行业涉及国家意识形态与公共安全等因素，政府有意识限制国外资本大量流入上述行业有关。

表 11-2　广东各服务行业实际利用外商直接投资比重（2004~2013 年）　单位:%

行业	2004 年	2005 年	2006 年	2007 年	2008 年	2009 年	2010 年	2011 年	2012 年	2013 年
交通运输、仓储和邮政业	11.77	14.56	14.10	8.45	9.85	5.65	7.07	8.66	8.31	5.37
信息传输、计算机服务和软件业	8.31	8.20	5.90	3.40	3.89	3.11	5.29	6.03	2.75	2.44
批发和零售业	3.31	7.59	9.50	10.84	15.87	25.67	24.96	24.80	29.46	24.23
住宿和餐饮业	7.51	3.22	6.16	3.44	3.66	2.24	1.93	2.54	1.12	1.68
金融业	0.76	1.37	2.08	0.37	0.10	0.57	0.86	1.89	2.30	8.69
房地产业	32.83	32.83	36.32	56.36	46.51	38.96	41.28	33.61	30.39	29.96
租赁和商务服务业	23.07	20.46	17.13	8.57	11.74	12.49	11.43	13.68	14.13	17.10
科学研究、技术服务和地质勘查业	3.76	4.64	4.32	4.77	4.21	8.81	5.34	6.29	5.62	4.50
水利、环境和公共设施管理业	0.94	0.36	0.74	0.19	0.44	0.70	0.36	0.53	0.69	2.89
居民服务和其他服务业	3.28	4.90	1.99	0.79	2.59	0.58	0.40	0.74	1.55	1.65
教育	0.01	0.06	0.08	0.02	0.01	0.01	0.002	0.00	0.00	0.03
卫生、社会保障和社会福利业	0.22	0.09	0.01	0.09	0.17	0.06	0.02	0.26	0.25	0.42
文化、体育和娱乐业	4.20	1.71	1.64	2.72	0.94	1.16	1.06	0.98	3.42	1.06
公共管理和社会组织	—	—	—	—	0.001	—	—	0.002	—	—

资料来源：作者根据《广东统计年鉴》（2005~2013）以及《数说广东六十年（1949~2009）》数据整理计算。其中，2004~2012 年各服务行业实际利用外商直接投资数据来源于《广东统计年鉴》（2005~2013）；2013 年数据来源于《2013 年广东国民经济和社会发展统计公报》；第三产业实际利用外商直接投资数据来源于《数说广东六十年（1949~2009）》以及各年《广东统计年鉴》；“—”符号表示数据缺失。

四、外商投资企业工商注册登记企业数在广东各服务行业间分布不均

由于《广东统计年鉴》在统计各行业外商投资企业工商注册登记企业数时服务行业分类标准发生变化，下面将时间段分为 1997~2003 年以及 2004~2010 年两个部分（如表 11-3 和表 11-4 所示），分别考察外商投资企业工商注册登记企业数（户）在广东各服务行业

分别的特征和变动趋势。

表 11－3 广东各服务行业外商投资企业工商注册登记企业数（1997～2003 年） 单位：户

行业	1997 年	1998 年	1999 年	2000 年	2001 年	2002 年	2003 年
地质勘查业、水利管理业	71	43	40	36	34	35	36
交通运输、仓储及邮电通信业	1 256	1 298	1 339	1 327	1 345	1 379	1 424
批发和零售贸易、餐饮业	2 496	2 366	2 109	1 803	1 568	1 532	1 401
金融、保险业	17	15	15	15	14	15	19
房地产业	2 848	2 868	2 756	2 549	2 332	2 330	2 211
社会服务业	2 063	1 934	1 884	1 989	2 085	2 340	2 436
卫生、体育和社会福利业	141	138	134	131	125	116	100
教育、文化艺术和广播电影电视业	262	240	212	184	149	121	96
科学研究和综合技术服务业	114	109	108	128	277	352	521
国家机关、政党机关和社会团体	—	—	—	—	—	—	—

资料来源：根据《广东统计年鉴》（1998～2004 年）整理。

由表 11－3 可以看出，在 1997～2003 年间，广东外商投资企业工商注册登记企业数（户）集中度最高的服务行业依次是房地产业，社会服务业，批发和零售贸易、餐饮业以及交通运输、仓储及邮电通信业。由于这几个服务行业对外开放较早、市场准入门槛较低，且大多属于劳动密集型服务行业，跨国服务企业能够将自身资金雄厚、技术先进的垄断优势与广东劳动力丰富的区位优势相结合，使跨国服务企业易于在这些劳动密集型服务行业获得竞争优势，赢取市场份额与经济利润。先行跨国服务企业在这些行业的成功能够产生示范效应，从而吸引更多后来跨国服务企业进入这些行业，这些行业也就成为广东外商投资企业最集中的服务行业。科学研究和综合技术服务业作为技术密集型服务行业，并没有吸引到太多外商投资企业，说明广东在吸引高科技、高质量技术密集型外商投资企业落户方面仍需作更多努力，只有广东吸引到更多诸如研究与开发、技术支持等技术密集型外商投资企业，才有利于改善广东在全球生产网络中的分工地位，促进经济结构转型升级。教育业、文化艺术和广播电影电视业，卫生、体育和社会福利业，地质勘查业、水利管理业等行业的外商投资企业数量也不多，而外商投资企业数量最少的是金融、保险业，其原因是该行业涉及国家经济安全，对外开放程度很低。

从表 11－4 可以看出，2004～2012 年间，广东外商投资企业工商注册登记企业数（户）集中度最高的几个服务业行业是房地产业，批发和零售业，租赁和商务服务业，交通运输、仓储和邮政业，信息传输、计算机服务和软件业，科学研究技术服务和地质勘查业，住宿和餐饮业，这也和这些服务行业外商直接投资所占比重较大是相关的。其中，房地产业，交通运输、仓储和邮政业，住宿和餐饮业外商投资企业数维持较为稳定，没有出现太大波动；批发和零售业外商投资企业数则出现迅速飙升的局面，其原因一方面是因为该行业市场准入门槛较低，另一方面是因为外商投资批发和零售企业可凭借其资本规模、营销模式、生产效率、经营管理等方面的优势，与国内批发和零售企业相比具有较强的竞争优势，能够在该行业获得较大的成功以及利润回报。租赁和商务服务业外商投资企业数上升趋势也相当明显，反映出广东在加入世界贸易组织后租赁和商务活动的密集与频繁，广东日渐成为国内最繁华的商业中心之一。金融业，教育，卫生、社会保障和社会福利业等服务行业由于涉及经济安全以及意识形态等政治因素，对外开放度较低，市场准入条件较高，使得外商投资企业数较少。但不可忽视的一个因素是，随着中国对入世承诺的履行，金融业等关乎经济安全的行业也将逐步加大对外开放，这将对广东本土内资金融机构发出强劲的挑战。

表 11－4　广东各服务行业外商投资企业工商注册登记企业数（2004～2012 年）　单位：户

行业	2004 年	2005 年	2006 年	2007 年	2008 年	2009 年	2010 年	2011 年	2012 年
交通运输、仓储和邮政业	1 467	1 516	1 698	1 815	1 203	1 923	1 931	1 905	1 860
信息传输、计算机服务和软件业	1 188	1 151	1 525	1 685	1 710	1 728	1 822	1 839	1 821
批发和零售业	661	725	2 125	3 387	4 563	5 299	6 660	8 103	9 659
住宿和餐馆业	880	973	994	1 013	962	972	988	1 004	999
金融业	15	13	19	27	35	39	49	59	81
房地产业	2 266	2 293	2 724	2 850	2 801	2 705	2 708	2 667	2 638
租赁和商务服务业	546	795	2 245	2 695	3 079	3 304	3 705	4 065	4 341
科学研究技术服务和地质勘查业	505	542	853	1 678	2 196	2 384	2 690	2 858	2 870
水利、环境和公共设施管理业	95	148	125	128	110	108	111	106	116
居民服务和其他服务业	433	328	358	433	456	447	454	464	467
教育	23	29	24	23	22	23	20	18	21
卫生、社会保障和社会福利业	34	35	28	25	20	23	24	22	25
文化、体育和娱乐业	342	326	354	345	309	309	302	303	299
公共管理和社会组织	—	—	—	—	—	—	—	—	—

资料来源：根据《广东统计年鉴》（2005～2013 年）整理。

第二节　广东服务业利用外商直接投资中存在的主要问题

广东服务业利用外商直接投资中存在的主要问题是外商直接投资在广东各服务行业之间分布不均。1986～2003 年，外商直接投资流入量较多的服务行业依次是房地产业，交通运输、仓储及邮电通信业以及批发和零售贸易、餐饮业，进入 1997 年后，社会服务业成为颇受外商直接投资关注的服务行业，其比重一直呈现上升趋势。2004～2013 年，外商直接投资流入量较多的服务行业依次是房地产业，批发和零售业，租赁和商务服务业以及交通运输、仓储和邮政业，这四个服务行业实际利用外商直接投资的比重之和每年都在 70% 以上，体现出广东服务业外商直接投资行业流向高度集中的状况。

与服务业外商直接投资行业流向集中相对应的是，广东外商投资企业工商注册登记企业数也显现聚集态势。1997～2003年，广东外商投资企业工商注册登记企业数（户）集中度较高的服务业行业依次是房地产业，社会服务业，批发和零售贸易、餐饮业以及交通运输、仓储及邮电通信业。2004～2012年，广东外商投资企业工商注册登记企业数（户）集中度较高的几个服务业行业是房地产业，批发和零售业，租赁和商务服务业，交通运输、仓储和邮政业，信息传输、计算机服务和软件业，科学研究技术服务和地质勘查业，住宿和餐饮业。其中，租赁和商务服务业，信息传输、计算机服务和软件业，科学研究技术服务和地质勘查业等资本和技术密集型服务行业外商投资企业数目所占比重位居前列，体现了在中国加入世界贸易组织，广东扩大服务业对外开放范围和广度后，服务业跨国公司逐渐向广东高科技、高技术领域进行投资设厂的趋势，这将有利于广东服务业技术升级，促进服务业结构由以传统服务业为主向以现代服务业为主转变。

服务业外商直接投资在广东各服务行业分布不均、聚集度高的原因，一方面是由于各服务行业的市场准入不同，另一方面是由于各服务行业自身存在异质性，从而形成截然不同的服务业市场形态和市场结构，外资根据各服务行业特点选择适合发挥自身优势的服务行业进行有选择性的进入。可以预见的是，随着中国“入世”效应的进一步显现以及广东服务业的进一步扩大开放，各服务行业的市场准入将逐步降低，服务业将向内外资共同竞争的市场结构路径演进，服务业外商直接投资在各服务行业分布不均的格局有望在一定程度上得以缓解。

第三节　广东服务业利用外商直接投资的前景

进入新千年后，随着国际产业的加速转移以及外商投资结构的变动，广东服务业利用外资的水平逐年提升，特别是2006年以来，随着中国入世保护期的结束以及CEPA效应[①]的深入发挥，广东服务业外商投资进入一个新的发展阶段。稳定的政治和经济环境、持续改善的投资环境以及国内其他地区无法比拟的先发优势，成为广东利用外资的有利因素。广东服务业利用外资的水平在2020年以前仍将在高位通道中逐年上升，服务业利用外资的比重也将逐步提升，进一步缩小与第二产业利用外资的差距，在2020年前实现对第二产业的超越，形成以服务业为主体的引资结构。

对于各细分服务行业利用外资前景，我们认为与各服务行业经济发展状况以及行业市场饱和度有关。产业基础扎实、产业发展前景向好而市场仍未饱和的服务行业将获国外资本的青睐。鉴于服务业外商投资对不同服务行业具有不同的增长效应，广东在利用外资的过程中也应该重点考虑各细分服务行业的异质性，切忌采取“一刀切”的服务业引资政策。下面，我们就服务业中金融业，房地产业，交通运输、仓储和邮政业，批发和零售业，租赁和商务服务业五个具有代表性的服务行业未来几年利用外资的前景进行分析与预测。

---

① CEPA即《内地与香港关于建立更紧密经贸关系的安排》。

一、金融业

金融业作为关乎国民经济命脉的关键部门，在“入世”以前国家严格控制外资准入，入世后享受5年保护期，随着保护期的结束，近年来金融业已全面对外开放。相比国内金融机构，外资金融机构大多具有悠久的发展历史、雄厚的资金实力、先进的技术水平以及适应市场化要求的现代企业经营管理制度与模式，外资金融机构在国内具有很强的竞争优势。广东这样的沿海经济强省，具备毗邻港澳的区位优势，加之省内金融活动频密，金融市场臻于成熟，金融发展前景不可估量，对国外金融资本具有足够的吸引力。在诸多利好因素的推动下，预计广东未来几年将成为国外金融资本大举进入的时期，外资金融机构的数量也将在未来几年出现大量增长，对广东本土金融机构形成强大的冲击。外资金融机构具有利率市场化背景下的经营管理经验，在利率市场化改革的趋势下，国内金融机构务必树立强大的忧患意识，按步骤有序进行机制体制改革，提高市场风险抵御水平，努力实现金融产品的多样化与优质化，有效应对外资金融机构带来的激烈市场竞争。

二、房地产业

房地产业一直是广东所有服务行业中最受国外资本青睐的行业，其利用外资的比重一直位居所有服务行业之首。在中国房地产市场化改革之前，国外资本一直是广东房地产业资本来源的重要构成。外资对促进房地产市场化改革之前时期广东房地产市场的繁荣具有一定的积极意义。随后，中国房地产市场化改革开启了广东房地产投资的热潮，特别是广州、深圳、佛山、珠海等珠三角城市，房地产投资迅猛增长，国外热钱大量进入，推动广东房价迅猛飙升，房地产泡沫随着热钱的大量流入日渐膨胀，房价增幅远远超出居民收入水平增幅。伴随飙升房价背后的房地产投资风险近年来日益得到国外热钱的关注，广东房地产业利用外资的比重近三年来逐渐下降。可以预计的是，未来几年，我国居民住房需求将随着国民经济整体前进而呈继续稳定扩大趋势，但是在房地产市场风险看涨的背景下，广东房地产业热钱流入将更为理性，广东房地产业利用外资水平将进入一个较为平稳的增长时期，房地产业利用外资占服务业利用外资的比重也将有所下降。

三、交通运输、仓储和邮政业

交通运输、仓储和邮政业是与制造业密切相关的生产性服务业，也是国外资本较早进入广东的服务行业。当前，广东交通运输、仓储和邮政业发展已经较为成熟，内资企业和外资企业在市场上展开激烈竞争。随着中国“入世”承诺的履行，快递业逐步向外资企业开放，2012年，国家邮政局批准联邦快递和联合包裹两家外资快递巨头经营国内快递业务，预示着快递业将成为内外资在交通运输和仓储服务领域角逐的新战线。相较于国内企业，外资企业在交通运输、仓储和邮政业并没有绝对优势。国内企业在网点建设、辐射范围、运营成本等方面存在优势，而外资企业在资金、管理与技术等方面具有优势。随着中国在线零售市场的兴起和蓬勃，物流仓储成为中国地产投资的热点之一，国内投资的旺盛在一定程度上将挤出国外资本，预计未来几年外商对广东交通运输、仓储和邮政业的投资将小幅回落。

四、批发和零售业

批发和零售业是近些年最受外商关注的消费性服务业，外资对该行业的投资额也极高，一大批外资批发和零售企业如雨后春笋般成立。批发和零售业受地段与人口密集度影响较大，外资对广东批发和零售业的投资也主要集中在经济发达的一二线城市。鉴于批发和零售业市场准入门槛较低，市场竞争异常激烈，预计未来外资对批发和零售业的投资将在目前基础上保持稳定，但是随着城市化进程的加快和三四线城市基础设施的进一步完善，将有新的一波外资浪潮流入批发和零售业。

五、租赁和商务服务业

租赁和商务服务业是广东近年来发展较为迅猛的服务行业，外资流入的数量及比重都连年上升。得益于广东优越的地理位置以及入世后对外贸易深度和广度的拓展，租赁和商务服务业仍将成为广东最受外资关注的服务行业之一，其利用外资的水平仍将继续创新高。

随着中国“入世”各项承诺的履行、“入世”保护期的结束以及 CEPA 的实施，广东服务业利用外商直接投资额进入前所未有的快速增长时期，广东服务业利用外资的数量和质量呈现逐年提高的态势。广东服务业利用外商直接投资所占比重与第二产业利用外商直接投资所占比重的差距在不断缩小，服务业日益成为今后广东吸引外资的结构主体。

广东服务业对外开放和利用外资取得巨大成就的同时，存在的主要问题是外商直接投资在广东各服务行业之间分布不均。房地产业，批发和零售业，租赁和商务服务业以及交通运输、仓储和邮政业等服务行业成为广东最受外资关注的服务行业，这些行业实际利用外商直接投资之和占广东服务业利用外资总额的七成以上，体现出广东服务业外商直接投资行业流向高度集中的状况。与服务业外商直接投资行业流向集中相对应的是，广东外商投资企业工商注册登记企业数也显现聚集态势。

展望未来，广东服务业利用外资的水平仍将在高位通道中逐年上升，服务业利用外资的比重也将逐步提升，进一步缩小与第二产业利用外资的差距，并极有可能在未来数年实现对第二产业的超越，形成以服务业为主体的引资结构。各细分服务行业利用外资的前景则与各服务行业经济发展状况以及行业市场饱和度有关。产业基础扎实、产业发展前景向好而市场仍未饱和的服务行业将更受国外资本的青睐。

主要参考文献

［1］陈碧贤．论信息服务贸易中个人资料保护问题［J］．商场现代化，2007（12）：10－11.

［2］陈霜华．国际服务贸易［M］．上海：复旦大学出版社，2010.

［3］程德年，朱梅，周永博．导游服务质量影响因素探究——基于优秀导游小结文本分析［J］．苏州大学旅游管理系，2014，7（6）：11－12.

［4］崔军，钱武云．国际工程承包总论［M］．北京：中国建筑工业出版社，2012.

［5］邓晓虹．中国金融服务贸易国际竞争力研究［M］．北京：对外经济贸易大学出版社，2014.

［6］董金菊．韩国民族传统文化的保护及其启示［J］．边疆经济与文化，2009，2（62）：100－101.

［7］董金菊．浅谈日本民族传统文化的保护及其对我国的启示［J］．宿州学院学报，2009，24（1）：66－69.

［8］冯毅，石瀚文．我国文化服务贸易发展现状、问题与对策［J］．国际贸易，2017（6）：62－67.

［9］冯宗宪，郭根龙．国际服务贸易［M］．西安：西安交通大学出版社，2011.

［10］冯宗宪．国际服务贸易教程［M］．北京：中国商务出版社，2007.

［11］龚晓莺，杨小勇，王朝科．国际贸易与国际直接投资的三种关系——芒德尔贸易与投资替代模型引发的思考［J］．国际商务，2006（4）：54－57.

［12］郭根龙．WTO 框架下的中国金融服务贸易政策［M］．北京：经济管理出版社，2002.

［13］国冬梅．环境货物与服务贸易自由化［M］．北京：中国环境科学出版社，2005.

［14］何爱广．中国建筑服务贸易国际竞争力及其影响因素分析［D］．湘潭：湘潭大学，2013.

［15］何穆彬．入世后我国教育服务贸易发展研究［D］．天津：天津财经大学，2012.

［16］贺晓萌．广东生产性服务业现状及问题探讨［J］．价格月刊，2012（11）：83－85.

［17］侯静，刘伊生等．国际工程承包风险管理之风险识别［J］．建筑经济，2013，369（7）：22－25.

［18］胡罡．发达国家教育服务贸易研究［D］．沈阳：辽宁大学，2015.

［19］胡焰初．国际教育服务贸易法律问题研究［M］．武汉：华中师范大学出版社，2007.

［20］简兆权，刘荣．广东研发服务业发展现状 问题与对策研究［J］．科技管理研究，

2010（16）：79－83.

［21］姜阿敏，王晶，郑淑兰，雨洋．我国计算机和信息服务贸易发展现状及对策建议［J］．对外经贸，2016（3）：4－5.

［22］姜义茂．我国文化服务贸易发展的三步战略［J］．国际贸易，2007（5）：38－41.

［23］姜真林．完善中国旅游服务贸易统计的思考［J］．江苏科技大学学报，2013，15（3）：10－19.

［24］金元浦．当下文化服务贸易的世界经贸背景［J］．中国对外贸易，2014（8）：26－27.

［25］靳希斌．国际教育服务贸易研究——理论、规则与行动［M］．福建：福建教育出版社，2005.

［26］经济普查系列分析报告之八：广东批发零售企业盈利状况简析［EB/OL］．http：//www.gdstats.gov.cn/tjfx/t20061114_41793.htm，2006－11－14.

［27］李芳．中国服务贸易国际竞争力研究［M］．武汉：武汉大学出版社，2012.

［28］李航敏．中国高等教育服务贸易发展研究［D］．北京：对外经济贸易大学，2014.

［29］李辉，王恬，王苗．我国国际旅游服务贸易的发展趋势及对策建议［J］．吉林工商学院学报，2015（1）：57－61.

［30］李丽平，原庆丹等．环境服务贸易发展报告［M］．北京：中国环境科学出版社，2012.

［31］李丽平．环境服务贸易自由化对中国的影响［M］．北京：中国环境科学出版社，2007.

［32］李亚波，杨荣．区域旅游服务贸易竞争力研究——以云南省为例［J］．技术经济与管理研究，2012（5）：116－120.

［33］李铮．国际工程承包与海外投资业务融资［M］．北京：中国人民大学出版社，2013.

［34］林晓凌．我国高等教育服务贸易：发展与对策［D］．厦门：厦门大学，2008.

［35］刘东升．国际服务贸易原理、政策与产业［M］．北京：对外经济贸易大学出版社，2012.

［36］刘嘉毅，陶婷芳．国内旅游服务质量的研究进展与启示［J］．北京第二外国语学院报，2012（7）：1－7.

［37］刘锴．建筑工程招投标工作存在的问题与应对策略研究［J］．科技与企业，2015，63（2）：73－75.

［38］刘丽．我国旅游贸易服务竞争力的影响因素的实证分析［J］．皖西学院学报，2011（5）：119－122.

［39］刘珊．对当前我国国际运输服务贸易的现状分析［J］．时代金融，2016（18）：217－218.

［40］刘忠印．中国通信服务贸易出口研究［J］．改革与战略，2017，33（7）：

182 – 185.

[41] 吕立才，黄祖辉．动因和决定因素：外商直接投资理论研究评述［J］．重庆大学学报（社会科学版），2007，13（1）：32 – 37.

[42] 吕立才，牛卫平．广东利用外资 30 年：现状与前景［J］．广东行政学院学报，2010，22（5）：68 – 73.

[43] 罗立彬，孙俊新．中国文化产品贸易与文化服务贸易竞争力：对比与趋势［J］．财贸经济，2013（2）：91 – 100.

[44] 马庆斌，钮晨琳．房地产市场化改革探析［J］．中国市场，2012（29）：63 – 66.

[45] 马向敏．当前我国文化服务贸易浅析［J］．对外经贸，2007（10）：32 – 33.

[46] 马晓京．民族旅游开发与民族传统文化保护的再认识［J］．广西民族研究，2002，70（4）：77 – 83.

[47] 蒙有华．当前我国留学教育的现状、问题及解决思路［J］．当代教育论坛，2005.

[48] 孟丽君．中国旅游服务贸易国际竞争力研究［D］．北京：首都经济贸易大学，2016.

[49] 孟祥丰．旅游百事通发展模式初探——以无锡旅游百事通为例［J］．旅游纵览，2012，9（2）：93 – 94.

[50] 逄爱梅．旅游企业人力资源管理与开发［M］．上海：华东理工大学出版社，2009.

[51] 裴长洪．利用外资与产业竞争力［M］．北京：社会科学文献出版社，1998.

[52] 饶友玲．国际服务贸易理论、产业特征与贸易政策［M］．北京：对外经济贸易大学出版社，2005.

[53] 饶友玲．国际服务贸易［M］．北京：首都经济贸易大学出版社，2005.

[54] 沈明其．国际服务贸易学［M］．海口：南海出版公司，2005.

[55] 师华．WTO 与建筑服务贸易法律制度［M］．北京：法律出版社，2011.

[56] 世邦魏理仕．投资前沿——电商时代转型中的中国物流市场［R］．2014.

[57] 孙文峥．中国信息服务贸易国际竞争力评估分析［J］．现代情报，2013，33（1）：26 – 30.

[58] 万红先．中国服务贸易国际竞争力研究［M］．合肥：中国科学技术大学出版社，2008.

[59] 汪士和．建筑业改革发展探究［M］．北京：中国建筑工业出版社，2015.

[60] 王芳．GD 建筑设计研究院招标策略研究［D］．广州：华南理工大学，2010.

[61] 王菲菲，赵书华．中国文化服务贸易国际竞争力研究［J］．商业时代，2012，（7）49 – 51.

[62] 王爽，邢国繁，张曙霄．中国文化服务贸易结构及竞争力实证研究［J］．商业研究，2014，56（6）：90 – 97.

[63] 王晓芳．中国文化服务贸易国际竞争力研究［M］．国际文化管理，2016：29 – 46.

[64] 魏俊玲，朱明霞．论中国传统文化的传承与保护 [J]．人民论坛，2013，41 (7)：156 – 157.

[65] 温树英．金融服务贸易的国际法律规则 [M]．北京：中国社会科学出版社，2005.

[66] 吴敬琏．经济学家怎么分析经济增长 [N]．中国青年报，2006 – 01 – 08.

[67] 吴美菊．WTO 框架下中国文化服务贸易发展战略研究 [J]．世界贸易组织动态与研究，2012，19 (5)：44 – 52.

[68] 熊元斌．旅游业、政府主导与公共营销 [M]．武汉：武汉大学出版社，2008.

[69] 徐敏，董瑾．我国旅游服务贸易国际竞争力的实证分析 [J]．中国商界，2008，3 (7)：10 – 11.

[70] 许斌．银行业并购的国际趋势与并购策略的初步探索 [J]．金融科学，2000.

[71] 闫红丽．教育服务贸易中高等教育境外消费的比较研究 [D]．苏州：苏州大学，2004.

[72] 余璐，陆昂，李项峰．广州高端科技人力资源产业配置策略探讨 [J]．岭南学刊，2014 (3)：109 – 114.

[73] 张帆，李辉．我国国际旅游服务贸易发展问题研究 [J]．渤海大学学报（哲学社会科学版），2015 (3)：68 – 72.

[74] 张海燕，吕明哲．国际物流（第三版）[M]．大连：东北财经大学出版社，2014.

[75] 张汉林．对外经济贸易大学中国 WTO 研究院系列教材——国际服务贸易 [M]．北京：中国对外经济贸易出版社，2002.

[76] 张蹇．国际服务贸易与国际文化服务贸易之辨析 [J]．江南大学学报（人文社会科学版），2011，10 (2)：70 – 76.

[77] 张捷，张媛媛．出口导向型发展模式与产业结构转型升级——以广东省为例 [J]．学术研究，2011 (7)：75 – 80.

[78] 张林主．国际服务贸易 [M]．北京：北京师范大学出版社，2008.

[79] 张钱江，戴小红．服务贸易 [M]．杭州：浙江工商大学出版社，2013.

[80] 张如庆．中国建筑服务贸易竞争力的测度与国际比较 [J]．河北经贸大学学报，2008，29 (2)：42 – 47.

[81] 张希坤．美国文化服务贸易发展及对中国的启示研究 [J]．对外经贸，2013 (3)：40 – 42.

[82] 张亚．高等教育服务贸易理论与政策研究 [M]．北京：中国经济出版社，2009.

[83] 张宇馨．国际金融服务贸易 [M]．北京：对外经济贸易大学出版社，2015.

[84] 赵亚平．国际服务贸易：理论、政策与实践 [M]．北京：清华大学出版社，北京交通大学出版社，2011.

[85] 中国服务贸易网．《服务贸易总协定》服务部门分类 GNS/W/120 [EB/OL]．[2017 – 05 – 30]．http：//tradeinservices. mofcom. gov. cn/local/2011 – 02 – 17/89207. shtml.

[86] 中国建筑业协会工程项目管理专业委员会．"一带一路" 与建筑业 "走出去" 战

略研究［M］. 北京：中国建筑工业出版社，2016.

［87］中华人民共和国商务部．中国入世承诺［EB/OL］.［2017－05－30］. http：//www. mofcom. gov. cn/aarticle/Nocategory/200612/20061204000376. html.

［88］钟珂．国际语境下的越南河内文庙旅游资源开发与利用——以导游服务为视角［J］. 城市旅游规划，2014，6（2）：176－178.

［89］钟晓君，刘德学．服务业 FDI、职工工资与行业收入差距［J］. 国际经贸探索，2013（3）：48－60.

［90］钟晓君，刘德学．服务业外商投资的增长效应：细分服务行业视角［J］. 亚太经济，2014（3）：105－109.

［91］钟晓君，刘德学．广东服务业外商投资的就业效应研究［J］. 国际经贸探索，2011（12）：48－54.

［92］钟晓君，刘德学．经典对外直接投资理论对服务业的适用性研究［J］. 岭南学刊，2015（5）：108－112.

［93］钟晓君，夏励嘉．广东服务业利用外资的现状、问题与前景［J］. 广东开放大学学报，2015，24（1）：27－34.

［94］钟晓君，谢林林．广东服务业发展现状、问题及对策研究［J］. 岭南学刊，2014（6）：90－97.

［95］周吉高．建筑业“营改增”政策法规汇编. 北京：中国建筑工业出版社，2016.

［96］Buckley P J，Casson M. The future of the multinational enterprise. London：Macmillan，1976.

［97］Colin Kirkpatrick. Trade in Environmental Services：Assessing the Implications for Developing Countries in the GATS. *Trade and Environment*，2006，9（3）：2－15.

［98］Dunning J H. Trade，Location of Economic Activity and the Multinational Enterprise：Some Empirical Evidence. University of Reading，Department of Economics，1977.

［99］Hymer S H. The international operations of national firms：A study of direct foreign investment. Massachusetts Institute of Technology，1960.（Published by MIT Press，1976）

［100］Kojima K. *Direct foreign investment：A Japanese model of multinational business operations*. London：Croom Helm，1978.

［101］Sawhney，A. & Chanda，R. Trade in environmental services：opportunities and constraints. *Indian Council for Research on International Economic Relations*，2003：2－17.

［102］UNCTAD. *Trade and environment review.* 2003.

［103］UNCTAD. *WTO Negotiations on Environmental Goods and Services：A Potential Contribution to the Millennium Development Goals.* New York and Geneva，2009.

［104］Vernon R. International trade and international investment in the product cycle. *Quarterly Journal of Economics*，1966（80）：190－207.

［105］WTO，Environmental services. *S/C/W/46*，1998，7（6）.